Ernst Molden
Radetzky

SEVERUS Verlag

ISBN: 978-3-95801-303-2
Druck: SEVERUS Verlag, 2015

Der SEVERUS Verlag ist ein Imprint der Diplomica Verlag GmbH.
Bibliografische Information der Deutschen Nationalbibliothek:
Die Deutsche Nationalbibliothek verzeichnet diese Publikation in der
Deutschen Nationalbibliografie; detaillierte bibliografische Daten
sind im Internet über http://dnb.d-nb.de abrufbar.

© SEVERUS Verlag, 2015
http://www.severus-verlag.de
Printed in Germany
Alle Rechte vorbehalten.
Der SEVERUS Verlag übernimmt keine juristische Verantwortung
oder irgendeine Haftung für evtl. fehlerhafte Angaben und deren
Folgen.

Ernst Molden

Radetzky
Sein Leben und sein Wirken

Radetzky
Sein Leben und sein Wirken

Nach Briefen, Berichten und autobiographischen
Skizzen zusammengestellt

von

Ernst Molden

*Dem Andenken meines in den siegreichen
Maikämpfen in Galizien gefallenen geliebten
Freundes und Vetters
Dr. Fritz Edlinger,
Oberleutnants und Kompagniekommandanten
im ersten Regiment der Tiroler Kaiserjäger.
Ernst Molden*

Radetzky

Wir kennen ihn alle, und wir kennen ihn alle nicht. Er ist uns vertraut, ohne daß wir viel über ihn gelesen hätten, und das Bild, das wir von ihm in uns tragen, ist fest umstrichen und umzeichnet auch ohne Wissen um die Einzelheiten seines Lebens und seiner Taten. Sie sind auch ohne viel Bedeutung, diese Einzelheiten, an einer Gestalt von so fester Einheit und Geradheit der Linien, wie die des alten Radetzky es ist. Sie sind ohne viel Bedeutung für das Empfinden des Volkes, das sein Andenken nicht so sehr um seiner Feldherrneigenschaften, um seines politischen Verständnisses willen bewahrt, in dessen treuem Gedächtnis er groß ist durch die Kraft eines ganzen und starken Mannes und durch die Wirkung, die er überallhin übte. Groß auch durch das Glück, das ihm ward, als einer der Ersten des Staates und der Armee eine der schwersten Krisen zu erleben, die sein Vaterland je zu bestehen hatte, und in dieser Krise die ragende und überragende Gestalt zu sein.

Bei uns hier in Österreich will das mehr heißen als anderswo. Denn anders und weit höher sind hier der Wert der Persönlichkeit und die Bedeutung der großen Krisen und der Kraftproben, die sie mit Notwendigkeit fordernd erzwingen. Sind doch Herz und Seele und Kraft dieses Staates, der kaum einen Namen hat, seit sein alter Name verwässert wurde, nicht Herz und Seele und Kraft einer einigen einen Nation, sondern viel komplizierter geboren, gewachsen und gereift. Und das Leben, das in ihm ist, nicht das einfach gerade Leben eines starken unsterblichen Volkskörpers, sondern ein viel schwereres, bedrohteres Leben, das im Lauf der Geschlechter viel mehr der häufigen Wiedergeburt bedarf und sich und den Nachbarn, freundlichen wie feindlichen, viel nötiger die Stärke der inneren Kraft erweisen und dartun muß. Das Leben dieses österreichischen Staates, da es nicht eins ist mit dem eines naturgefeiten großen Volkes, bedarf also zu Wiedergeburt und Probe der Kraft der großen Krisen und bedarf in jeder dieser Krisen des Mannes, der zur inhaltvollen Gestalt der dann folgenden Friedensepochen des neugestählten Staates wird. Eine solche Gestalt war in der Kraft- und Lebensprobe der Türkenzeit Eugen von Savoyen, in den kampfvollen Jahren des drohenden Zerfalles im Erbfolgekrieg Maria Theresia, im ersten Zweikampf um die deutsche Stellung Kaiser Joseph, später im Kampf um die europäische Stellung vielleicht der Staatskanzler Fürst Metternich. Eine solche Gestalt war in der letzten großen Kraft- und Lebensprobe der Revolutionsjahre von 1848 und 1849 der alte Radetzky.

Der alte Radetzky, denn er war zweiundachtzig, als er durch die Siege auf den italienischen Schlachtfeldern, durch den Ruhm von Santa Lucia, Curtatone, Vicenza und Custoza und durch den noch reicheren von Mortara und Novara dem österreichischen Staat wieder einen Mittelpunkt der Kraft und des Selbstvertrauens, dem Österreicher wieder ein Vaterland und den Glauben an seine Fahne gab. Als der mehr als achtzigjährige Sieger lebte und lebt er im Gedächtnis der Zeitgenossen und Nachkommen weiter, und er war und ist den zwei Generationen, die seit seinen Tagen herangewachsen sind, nicht allein der Feldherr und unbezwungene Führer der kaiserlichen Heere, nicht der Generalstabschef früherer Friedens- und Kriegsjahre, sondern weit darüber hinaus General, Politiker und Staatsmann in einer Person, war und ist ihnen der Österreicher, wie er hin und wieder erscheint, um der Seele dieses alten Reiches neuen Inhalt und die gläubige Kraft zu geben.

Deshalb ist heute in einer neuen und vielleicht der schwersten Krise und Lebensprobe unseres österreichischen Vaterlandes der Weg zu ihm, zu dem großen Österreicher einer früheren großen Zeit, ein Weg, den die Gedanken wie ganz von selber nehmen. Die Kraft seiner Gestalt, die im feindlich entflammten Mailand Ruhe und Selbstvertrauen bewahrt hat, gibt noch den Nachkommen Kraft und ist so ein gemein=österreichischer Besitz geworden, und die Erlebnisse des Mannes, der noch unter Kaiser Joseph in den Türkenkrieg zog und um das österreichische Belgien kämpfte und der Generalstabschef der Freiheitskriege war und durch seine italienischen Taten die Grundlagen für das neue Österreich verteidigt und erhalten hat, sind erfüllt von allen den Problemen, die uns auch heute erfüllen, von den Problemen der Verteidigung der Süd= und Ostgrenze gegen eine aggressive, vor nichts zurückschreckende Agitation, von den Problemen der serbischen und italienischen Frage und dem der furchtbar gewachsenen russischen Bedrohung.

Auf dem Weg zu Radetzky, den uns der italienische Abfall und der italienische Krieg noch teurer machen, sei dieses Büchlein dem Gedächtnis ein Führer und Helfer. Mehr will es nicht, und es denkt nicht daran, eine Lebensgeschichte erzählen zu wollen oder eine Würdigung des Feldherrn und des ganzen Mannes zu versuchen. Es gibt nur wieder das alte Bild, das wir vor uns haben und das wir stolz auch den Freunden jenseits der vaterländischen Grenzen zeigen. Es gibt das alte Bild als Ergebnis einer ganzen Reihe von Skizzen, aber es wird, indem es diese Skizzen selbst vorführt, der Erinnerung doch neue Anregung und vielleicht da und dort eine neue Linie bringen. Daß Radetzkys eigene Hand diese Skizzen gezeichnet hat und ihre Gesamtheit sich also zu einem Selbstporträt vereinigt, macht sie wie uns scheint, besonders wertvoll. Dem Herausgeber blieb dabei keine andere Arbeit, als sie auszuwählen und in eine möglichst zeitgerechte Reihe zu fügen. Er enthielt sich sorgsam jeder Kritik, die ausgenommen, die die Auswahl in sich birgt, und hält es nur noch für eine Pflicht, die folgenden wenigen Daten gleichsam als Führer durch die Sammlung geschriebener Radetzky-Bilder an den Eingang zu stellen.

*

Graf Joseph Wenzel Radetzky, aus dem alten Geschlecht der Radetzky von Radetz, wurde am 2. November 1766 auf dem väterlichen Gute Trebnic in Böhmen als Sohn des Grafen Peter Euseb, der sich nach dem Siebenjährigen Krieg dorthin zurückgezogen hatte, geboren. Er war Zögling des Theresianums und trat mit achtzehn Jahren als Kadett bei den Kürassieren in die Armee. Als junger Offizier machte er den Türkenkrieg Josephs II. und den belgischen Feldzug gegen Frankreich mit, zeichnete sich dann in den Kämpfen der Kaiserlichen Armee vor und in Mantua aus und gehörte der Armee in Italien auch im nächsten Krieg, diesmal schon als junger, eben erst dreiunddreißigjähriger Oberst an. Er nahm an den Schlachten an der Trebbia, bei Novi, Marengo und in Deutschland bei Hohenlinden teil und erhielt das Ritterkreuz des Maria-Theresien-Ordens. Im Krieg von 1805 kommandierte er als Generalmajor eine Brigade der Italienischen Armee Erzherzog Karls. In den folgenden Friedensjahren nahm er wieder als Brigadier in Wien Anteil an den großen Heeresreformen und an der Vorbereitung des österreichischen Freiheitskrieges von 1809. In diesem Jahr erwarb er durch seine Verdienste bei der Deckung des Rückzuges des Hillerschen Korps im Donautal das Kommandeurkreuz des Theresienordens. Seine Umsicht während und nach der Schlacht bei Wagram, die der eben zum Feldmarschalleutnant Ernannte als Kommandant der einen Division des vierten Korps bewies, veranlaßten seine Wahl zum

Chef der Operationskanzlei des neuen Armeeoberkommandanten Feldmarschall Fürsten Johann Liechtenstein, der die Nachfolge Erzherzog Karls übernommen hatte. Radetzky blieb auch nach dem Friedensschluß Chef des Generalstabes und wurde beim Eintreten Österreichs in den großen Entscheidungskampf gegen Napoleon als solcher an die Seite des Oberstkommandierenden, Feldmarschall Fürsten Karl Schwarzenberg, berufen. In dieser leitenden Stellung machte er die Operationen der Jahre 1813, 1814 und 1815 mit. Nach der Leipziger Schlacht überreichte der Fürst-Feldmarschall seinem Generalstabschef sein eigenes altes Theresienkreuz mit den Worten: „Dieses Kreuz hat vor mir der große Laudon getragen, ich kann es an keinen Würdigeren abtreten."

Im Frieden scheint die glänzende Laufbahn des Grafen Radetzky plötzlich abgeschnitten. In seiner Tätigkeit im Generalstab behindert und durch Privatverhältnisse bestimmt, erbat er die Übersetzung zur Truppe. Aber weder als Kavalleriedivisionär in Ödenburg, noch als Adlatus des in Ungarn kommandierenden Erzherzogs Ferdinand d'Este hatte er einen seiner würdigen Wirkungskreis, und seine Ernennung zum Festungskommandanten von Olmütz, als sie 1829, einige Monate nach seiner Beförderung zum General der Kavallerie, erfolgte, schien vollends eine endgültige Kaltstellung zu bedeuten. Es war das Verdienst des damaligen Oberkommandierenden in Österreichisch-Italien, Baron Frimont, Radetzky aus dieser Pensionistenstelle der Armee und dem Vaterland wiedergegeben zu haben; er setzte seine Ernennung zum Stellvertreter des kommandierenden Generals und schon wenige Monate später, im November 1831, als Frimont selbst als Präsident des Hofkriegsrates nach Wien übersiedelte, zum kommandierenden General im lombardo-venezianischen Königreiche durch. Hier erst konnten sich Radetzkys Können und seine starke und überragende Persönlichkeit voll entfalten. Hier errang er als Organisator und Führer die Friedenserfolge, die ihm sein Kaiser — nun schon Ferdinand I. — 1836 durch die Ernennung zum Feldmarschall lohnte und für die ihm die Bewunderung des militärischen Europa wurde. Aber erst Krieg und Revolution haben die Gestalt des Marschalls voll zur Geltung gebracht. Den Rückzug aus dem revoltierenden Mailand der Märztage von 1848 hat er selbst ein strategisches Meisterstück genannt. Die Straße des Wiedervordringens aus dem Festungsviereck ist beleuchtet durch den Glanz der Siege des Revolutionssommers, deren Reihe Santa Lucia einleitet und Custoza beschließt, und fast noch mehr Ruhm als sie brachte das nächste Jahr, als der sardinische König den Marschall neuerlich herausforderte: der Feldzug von 1849, der Feldzug von Mortara und Novara war in wenigen Tagen beendet. Sein junger Kaiser Franz Joseph I., dessen Lehrer im Kriegshandwerk Radetzky gewesen war, sandte ihm das Goldene Vlies zu dem im Vorjahr erworbenen Großkreuz des Theresienordens, das ein Erzherzog nach Mailand brachte. „Hätte der militärische Geist des Feldmarschalls Grafen Radetzky der absoluten Schwäche der Zentralgewalt nicht die Spitze zu bieten gewußt," — schrieb damals der verbannte Staatskanzler Fürst Metternich — „was wäre aus dem Reiche geworden!" Und der erste Dichter Wiens und Österreichs, Franz Grillparzer, dichtete auf den großen Sieger und Retter die unsterblich gewordenen Verse.

Radetzky blieb — nun Zivil= und Militärgouverneur des lombardo=venezianischen Königreiches — noch durch acht Friedensjahre im Amt. Im Februar 1857 trat er als Einundneunzigjähriger in den Ruhestand. Er starb — kaum ein Jahr später — am Morgen des 3. Januar 1858.

Wien, im Sommer 1915.

Aus den Erinnerungen des Feldmarschalls,
die Jahre bis zum letzten Kampf gegen Napoleon umfassend, wie er sie seinem vertrauten Begleiter Grafen Fritz Thun niedergeschrieben, diktiert oder erzählt hat

1. Die Jugendjahre und der türkische und belgische Feldzug

Meine Mutter starb bei meiner Geburt und mein Vater bald danach.

Ich kam sodann in das Haus meines Großvaters nach Prag. Dieser, Wenzel Leopold Reichsgraf von Radetzky, war am 11. September 1704 geboren und ist am 16. Oktober 1781 gestorben; er liegt bei den Kapuzinern in St. Joseph [in Prag] begraben.

Als ich in sein Haus kam, wohnte er in der Heinrichsgasse, das dritte oder vierte Haus von der Ecke des Roßmarktes, und ich ging zu den Piaristen in der Herrengasse in die Schule. Mein Großvater hatte eine Freundin, eine Baronin Břenský, die gegenüber wohnte und die Geschäfte des Hauses größtenteils führte; so übernahm sie das Geld, welches mein Großvater immer zu Georgi und Galli bekam und das auf einem Tische aufgezählt wurde. Als mein Großvater starb, wurde das Haus an den Grafen Hartmann verkauft, und ich kam ins Theresianum.

Die Baronin Břenský hatte mich sehr gern, und ich habe ihr viel Pflege zu verdanken. Mein Vormund wurde ein Bruder meines Vaters, der Hauptmann war und mir 40 000 fl. meines Vermögens durchbrachte.

Ich ward im k. k. Theresianum erzogen. Viel Rühmens kann ich von dem dort Gelernten nicht machen. Ob der pedantische Schlendrian und die Oberflächlichkeit in den Studien noch jetzt in den Zivil=Lehranstalten herrschen, weiß ich nicht zu sagen; damals herrschten sie. Ich hätte nichts Gründliches erlernt, wenn ich nicht durch Repetitionen manches zu ersetzen gesucht hätte, was ich bei dem Professor oder, besser gesagt, dem Vorlesenden nimmermehr verstanden haben würde. Ein Schwall schöner Worte kann wohl nur dazu dienen, die Zeit vorüberziehen zu machen, und dies schienen sich die damaligen Professoren im Theresianum, ehrenwerte Ausnahmen abgerechnet, zur Hauptaufgabe gestellt zu haben.

Eben hatte ich das erste Jahr Jus absolviert, als die Akademie aufgelöst wurde. Ich war elternlos, ohne Heimat. Ich wählte den Stand des Soldaten und habe es nimmer bereut. In ihm fand ich meine Heimat. Es war im Jahre 1784. Damals war überhaupt große Vorliebe zu diesem Stande vorherrschend. Kaiser Joseph II. regierte. Ich trat zu dem Kürassierregimente Caramelli [heute Dragonerregiment Nr. 2] als Kadett ein, und meine erste Garnison war Jász-Berény im Jazygierlande Ungarns. Meine Gesellschaft war ein Leutnant Dorfelder, vom Gemeinen auf befördert und des Nachmittags keines Umgangs fähig, und ein Baron Ettenau, der ein sehr gebildeter Mann, aber beinahe immer abwesend war.

So blieb ich, jedem gebildeten Umgange beinahe gänzlich fern, auf mich allein beschränkt, und ich lernte daher in jener Zeit, wo Herz und Geist für alles Wissen, für alles Gute empfänglich sind, wenig mehr als die gewöhnlichen Formen des Exerzierens und den inneren Eskadrondienst. Der eigentliche Zweck unseres Standes, die Vorbildung zum Kriege, blieb uns Subalternen und vielleicht auch den Obern fremd. Die Lage junger, unerfahrener Kadetten in weit ausgedehnten Kantonierungen ist wahrhaft beklagenswert und war es damals um so mehr, als man sich gar wenig um ihre Bildung kümmerte. Die Regimentskommandanten und übrigen Stabsoffiziere hatten die Rangstufe, auf der sie standen, mühsam erklommen. Sie wollten nun Ruhe haben und nach überstandenen physischen Fatigen der Gemächlichkeit pflegen; an geistige Untätigkeit waren sie schon lange gewöhnt.

Der Krieg mit den Türken brach 1788 aus. Die Hälfte des Offizierkorps des Regiments, in dem ich diente, zeigte sich für Feldfatigen nicht mehr fähig, und so ward ich in meiner Rangtour Oberleutnant, nachdem ich ein Jahr und mehrere Monate früher Offizier, d. h. Unterleutnant, geworden war.

Im Laufe dieses Krieges machte ich viele Erfahrungen. Die Ordnung ward tüchtig gehandhabt. Fürsorge auf Märschen und in Lagern ließ sich allenthalben bemerken; kurz, für das materielle Wohl des Soldaten ward viel getan, und es verdient dies um so mehr Lob, als mancher Feldzug gegen die Türken wegen Krankheiten mißlang, die in dem an das Klima nicht gewöhnten Heere einrissen. Die Armee war schön und hatte auch viel innere Kraft, und doch hat sie nichts ausgerichtet. Man hatte die Defensive gewählt. Ich schreibe es dieser Wahl allein zu, daß wir beinahe in allen kleinen Gefechten den kürzeren zogen, und doch sind es gerade diese kleinen Gefechte, in welchen die Generale Gelegenheit haben, das Vertrauen der Massen zu gewinnen. Nach und nach trat Mutlosigkeit ein, und die Armee ward, was sie nimmermehr sein soll, eine durch Disziplin zusammengehaltene Maschine, in der die Bewegung, das ist der Geist, fehlte.

Das ganze Jahr 1788 erstritt die Armee keinen Erfolg, weil das leidige Kordonsystem diesen von vornherein ganz unmöglich machte.

Ganz anders verhielt es sich im Jahre 1789. FM. Laudon übernahm den Oberbefehl. Vor dem Rückzuge nach Karansebes war ich durch zwei Tage Ordonnanzoffizier beim FM. Lacy. Als später FM. Laudon kam, wurde ich bei ihm permanenter Ordonnanzoffizier. Lacy war immer nur darauf bedacht, wenig Leute vor dem Feinde zu verlieren, und verlor desto mehr durch Krankheiten. Laudon war in dieser Hinsicht praktischer. Beide waren sehr große Herren.

Es zeigte sich sogleich Unternehmungsgeist. Die Armee gewann das verlorene Selbstvertrauen wieder, obgleich bei der damaligen Beschaffenheit der Taktik die tapferen Taten vereinzelt blieben. Das Ziel des Feldzuges schnell und mit großen Schlägen zu erreichen, ließ diese Taktik nicht zu.

Die Hauptaufgabe der Infanterie war das Linienfeuer, das sie an eine defensive Haltung band. Stand sie nicht in ausgedehnter Linie, was gewöhnlich der Fall war — und man meinte dadurch dem feindlichen Vorgehen am besten zu begegnen —, so formierte man sie, weil die Spahis gewaltigen Respekt einflößten, in große, unbehilfliche Karrees, zwischen denen sich die Kavallerie als Reserve postierte. Zu mehrerer Sicherheit trug man spanische Reiter mit sich und stellte sie vor den Karrees auf, wodurch aber jede Bewegung im Angesichte des Feindes unausführbar wurde.

Die Artillerie war mit einem Stück Geschütz (Dreipfünder) per Bataillon eingeteilt. Die Sechspfünder, sowie einige Zwölfpfünder, wurden als Positionsbatterien in Reserve gehalten.

Die Märsche der Kolonnen waren höchst schwerfällig, weil sie sich auf die Möglichkeit einer schnellen Karreeformierung gründeten. Die Vorbereitungen zum Marschieren waren selbst in offenen Gegenden zahllos.

Das Resultat des Feldzuges beschränkte sich auf die Eroberung Belgrads. Der Friede kam bald darauf zustande.

Kaiser Joseph starb, und Leopold II. folgte ihm.

*

Bald wurde die Armee wieder in große Tätigkeit gesetzt. Die Französische Revolution brach aus und mit ihr jene Reihe denkwürdiger Kriege, die erst nach mehr als zwanzig Jahren enden sollten.

Das Regiment, in dem ich diente, damals schon Erzherzog-Franz-Kürassiere geheißen, ward nach vielen Hin- und Hermärschen zum Trierschen, dann zum Schröderschen Korps nach Luxemburg bestimmt.

In der Armee zeigte sich ein vortrefflicher Geist. Jeder einzelne suchte sich durch tapfere, oft tollkühne Handlungen hervorzutun. Diese wahre Ritterlichkeit, die sich allenthalben kundgab, blieb aber ohne besondere Wirkung, und ich schreibe diesen Umstand zweien Ursachen zu.

Die erste davon ist, meine ich, daß man an einer veralteten Taktik festhielt, die in ihren Grundsätzen richtig gewesen sein mag, nie aber in der Anwendung und im Detail. Die Defensive, und noch dazu eine untätige, ward beinahe immer zur Richtschnur genommen, obgleich unzählige Beispiele uns bewiesen, daß wir in den Detailgefechten stets siegten, wenn wir dem Feinde mit blanker Waffe zu Leibe gingen, in der Defensive aber immer den kürzeren zogen, weil trotz des beliebten Feuers aus geschlossenen Linien die französischen Tirailleurs unsere Flanken und unsern Rücken bald gewannen. War dies geschehen, dachte man nur noch an eine soviel als tunlich gesicherte rückgängige Bewegung, die um so schneller begonnen wurde, als man nicht gewohnt war, die Marschhindernisse, welche die Terraingestaltung mit sich brachte, mit größeren Körpern und im Angesichte des Feindes zu überwinden. Man glaubte, die Bekämpfung des Gegners könne nur durch das Feuer bewirkt werden, und stellte sich stets so breit, daß diese Breite immer ohne Verhältnis zur Tiefe blieb. In solchen ausgedehnten Linien war einem unternehmenden Feinde gegenüber natürlich jeder Punkt gefährdet. Die Reserven mußten also auch zersplittert werden, während die Hauptreserve nur höchst selten in Tätigkeit kam, da sie die Entfernung und Ausdehnung der Stellung der Armee hinderte, mit voller Kraft und in angemessener Zeit an der rechten Stelle, war diese auch erkannt worden, zu erscheinen. Überhaupt war unter solchen Umständen eine Tätigkeit im Wirken und Befehlen ganz untunlich.

Der zweite Grund, warum die tapferen Handlungen der Armeeteile keine großen Erfolge erringen konnten, war, daß

man nie einen feststehenden Operationsplan hatte und auf den
Gang des Krieges viele Personen einwirkten, die weder durch
Geist noch durch Liebe zur Sache dazu berufen waren. Ohne
daß man mit Klarheit weiß, was man zu tun hat, gelingt keine
Handlung, am wenigsten eine kriegerische. Mit diesem Wissen
kommt Tatkraft, Einigkeit in das ganze Wesen des Kriegsheeres
und auch ein gewisses Wagen, das gewöhnlich das Glück zwingt,
sich günstig zu zeigen.

2. Im belagerten Mantua, 1796—97

> Die Armee des FM. Wurmser, bei der auch
> Radetzky stand, hatte den Auftrag, das von
> Bonaparte belagerte Mantua zu entsetzen. Der
> Versuch endete damit, daß sich die Entsatzarmee
> mit Mühe in die belagerte Stadt rettete.

In Mantua, wo FML. Canto d'Yrles befehligte, herrschte
Bestürzung und Besorgnis wegen des Aufliegens mit der Ver=
pflegung. Der Kommandant des Platzes protestierte feierlich
wider die Aufnahme der Wurmserschen Armee und besonders
der zahlreichen Kavallerie, weil er, nach seiner Angabe, nur auf
drei Tage die Verpflegung für solche bereitgestellt hätte und
wegen des Mangels an Lebensmitteln den Platz übergeben
müsse. Zugleich führte er die Vernachlässigung mehrerer forti=
fikatorischer Werke an, die jede Verteidigung platterdings un=
möglich machen sollte.

In einem mehrere Stunden dauernden Kriegsrate verpflich=
tete sich der Landeskommissär Graf Locatelli, für die Beschaf=
fung von Lebensmitteln auf sechs Wochen zu sorgen, wenn man
keine militärische Haussuchung halten sowie alle Zwangsmaß=
regeln beseitigen wolle. Diese Zusicherung genügte; würde man
jedoch die Gegend gekannt und die Kriege Eugens gelesen haben,

so hätte man gesehen, daß die mit Wurmser eingetroffenen Truppen zwischen dem Mincio, Curtatone und der Fossa nuova leicht Aufnahme gefunden hätten, weil man mit den zu Gebote stehenden Mitteln bei Borgoforte einen Brückenkopf etablieren, die Fossa nuova bei Curtatone schwellen und überhaupt sich in Verteidigungsstand setzen konnte. Allein Erholung war das allgemeine Losungswort, und so suchte jeder den Genuß der ruhigen Gegenwart, ohne an die Zukunft oder an männliche Verteidigung zu denken.

Die Infanterie ward in Kirchen, Klöstern und verlassenen Palästen untergebracht, und die Kavallerie kampierte in den Gassen. Alle Fürsorge für die Spitäler, sowie alle Vorsichtsmaßregeln für die Erhaltung der Lebensmittel für den Bürger unterblieben. Solange Geld vorhanden war, lebte alles in zufriedener Hingebung ruhig hin, ja die Wein- und öffentlichen Verkaufshäuser waren fast stets gefüllt. Die starken, anhaltend forcierten Märsche hatten die Truppen bei der großen anhaltenden Septemberhitze sehr abgemattet. Ohne Fürsorge sich selbst überlassen und von den ungünstigen Gefechten demoralisiert, eilte der Soldat den Kneipen zu, um im Weine seinen Unmut zu vertrinken. Die in dieser Stadt im Monate September den abgelaufenen, halbtrockenen „Lagi" entsteigenden ungesunden Ausdünstungen brachten gefährliche Krankheiten zum Ausbruche, Fieber aller Art nahmen zu und impestierten die für die Aufnahmen der Kranken bestimmten, ohnehin kaum hinreichenden Häuser. Der Mangel an Ärzten und Betten war derart, daß nur die einreißende Sterblichkeit den Mängeln der Pflege und Unterbringung teilweise abhelfen konnte. Die Vorräte der Approvisionierung, vorzüglich jene an Fleisch, neigten sich zu Ende. Man schritt zum Verbrauch der Kavalleriepferde, sowie zur Ausgabe von Papiergeld für die Löhnung und die Gagen ...

Ich beschränke mich lediglich, dasjenige näher zu bezeichnen, was meiner Persönlichkeit nahe kam. Deshalb will ich nur in Kürze berühren, daß der in der Stadt herrschende Holzmangel das Festungskommando zwang, mehrere Ausfälle anzuordnen, die von Holz wenig einbrachten und nur den Verlust einiger Braven nach sich zogen. Indessen nahmen die Nahrungsmittel immer mehr ab, und man zahlte in den Gasthäusern zehn Kreuzer für eine Portion Katze, am meisten war der Mangel an Eiern und Milch, an Grünzeug und Geflügel fühlbar. Auch erklärte [der Militärkommissär] Graf Castiglione, daß erst der Monat Januar 1797 die Möglichkeit darbiete, aus Kukuruzmehl Brot zu backen.

In diese Zeit fällt der letzte Versuch, den [der in Tirol kommandierende FZM.] Alvinzi zum Entsatze von Mantua machte. Er endete damit, daß FML. Provera sich an den Toren von San Giorgio, die man nicht öffnen wollte, da in der Stadt keine Möglichkeit der Verpflegung mehr bestand, mit seinen sämtlichen Truppen als Gefangener dem Feinde ergab. Dieses abschreckende Ereignis hat die kaum mehr atmende Garnison von Mantua hart betroffen und gab offen das Geständnis der Ohnmacht und der Hingebung zur Gefangenschaft; tatsächlich traf gleichzeitig die Aufforderung zur Übergabe ein.

... So wurde in einem Zeitraum von nicht ganz zehn Monaten dem Hause Österreich die ganze Lombardei, drei Armeen und Mantua, das letzte Bollwerk in Italien, verloren.

General Graf Klenau und Oberst Zach wurden beordert, eine Kapitulation abzuschließen, was auch geschah, und nach deren Wortlaut am 3. Februar 1797 die Garnison ausmarschierte, die Waffen auf dem Glacis streckte und gegen die Verbindlichkeit, nicht gegen Frankreich zu dienen, freien Abzug erhielt. In dieser Kapitulation wurde die Erlaubnis erwirkt, daß fünfhundert Mann mit Ober- und Untergewehr und zwei Geschützen, sowie hundert Berittene, alle mit freier Bagage, abziehen dürfen. Mein ganzes Pionierkorps, von der Sterblichkeit bis auf zweihundertvierzehn Mann reduziert, hatte das Glück, sich unter der Zahl der Freiabziehenden zu befinden.

3. Feldmarschall Suworow

Die Geschichte damaliger Zeit belehrt uns, was Napoleon nach dem Frieden von Campoformio unternommen; sie erzählt uns den Überfall von Malta und seinen Feldzug in Ägypten und gibt einen klaren Überblick der Zustände in Frankreich und in dessen Armeen. Hier beschränke ich mich, wie schon erwähnt, lediglich auf das mich allein Betreffende.

Als wir mit der diesseitigen Armee vor Verona an der Etsch, unter dem Interimskommando Krays, standen, kam eine Allianz mit Rußland zum Abschlusse, nach welcher eine russische Armee am Rhein, eine andere in Italien sich mit uns verband. Der General der Kavallerie Melas wurde zum Oberkommandanten über die österreichischen Truppen und FML. Chasteler zum Chef des General=Quartiermeisterstabes bestimmt.

Am 5. April [1799] traf Melas und am 7. FM. Suworow, der zugleich zum österreichischen Feldmarschall und zum kommandierenden General en chef der Armee in Italien ernannt wurde, ein. — Suworow war unschön und konnte sich nicht in den Spiegel schauen, daher, wenn er in ein Zimmer kam, sein erstes Tempo war, mit der Faust die Spiegel einzuschlagen. Von einem Enthusiasmus, der bei den russischen Truppen für Suworow geherrscht haben soll, weiß ich nichts; ich halte die damaligen russischen Truppen des Enthusiasmus nicht wohl fähig.

... Suworow wünschte, einer eigenen Eitelkeit zufolge, jede Stadt früher durch die Russen als durch die Österreicher besetzt zu sehen. Kaum hatte die österreichische Kolonne den Marsch von Cassano nach Mailand angetreten, als längs derselben ein Pulk Kosaken vorübersprengte, welcher aber doch erst nach den Chevauxlegers in Mailand eintraf. Die Stadt Mailand war vom Feinde nicht, die Zitadelle jedoch mit dreitausend Mann besetzt. Einer Brigade fiel die Zernierung dieses befestigten Punktes zu, die übrigen wurden einquartiert. Vor dem Einmarsche in die Stadt traf eine Deputation der Bevölkerung, mit dem Erzbischof an der Spitze, bei dem die Tete führenden Melas ein. Melas, obwohl lutherischen Glaubens, erbat für seine Kolonne vom Erzbischof den Segen, welcher auch erteilt ward, und setzte hierauf den Marsch fort. Den Jubel der Einwohner beim Anblick der Kolonne zu beschreiben, muß einer besseren Feder überlassen bleiben. Nur soviel: mehr herzliches Entgegenkommen, mehr Händedrücken und häufigeres Abwischen des Schweißes von den Gesichtern der Grenadiere durch festlich Angezogene des schönen Geschlechts und größere Geld- und Weinspenden mögen wohl selten einer Truppe zuteil geworden sein. Die Kolonne marschierte eben auf dem Platze auf, als die Nachricht von dem Einlangen Suworows eintraf, worauf Melas demselben im Galopp entgegeneilte. Bei der Begegnung ward Melas von Suworow angehalten, um den Hals gefaßt und so heftig an sich gezogen, daß der General vom Pferde herabglitt und auf den Füßen stehend umarmt wurde.

Suworow ritt in seinem gewohnten Sommeranzuge, dem offenen Leibel, den Kantschu in der Hand, im Hundstrabe der Domkirche zu, stieg dort vom Pferde, lief in die Kirche, warf sich vor dem Hochaltar auf die Erde und verrichtete mit ausgestreckten Armen sein Gebet. Dann sprang er auf, erteilte vor dem Hochaltar allen Anwesenden den Segen, lief wieder aus der Kirche und setzte sich auf das Pferd. Er ritt nach seiner Wohnung in der Casa Belgiojoso und entließ uns alle, samt Melas, der im Hause Litta bequartiert wurde.

4. An der Trebbia und bei Novi, 1799

> Im Sommer 1799 kam es zu den beiden Schlachten an der Trebbia und bei Novi, an deren Ausgang Radetzky hervorragenden Anteil hatte. — Suworow hatte beschlossen, den von Unteritalien heranziehenden General Macdonald[1] vor seiner Vereinigung mit der oberitalienischen Armee Moreaus anzugreifen.

Infolge dieser Entschließungen ward FML. Ott mit einer Avantgarde gegen Piacenza vorgeschickt, und die Armee folgte in zwei Kolonnen. Ott wurde am Tidonebach von Macdonalds Avantgarde geworfen und zog sich zurück. Am 17. Juni traf die Armee zur Unterstützung Otts, der nun das Dorf Sermat besetzte, ein. Ott, mit Melas vereint, kämpfte mit wechselndem Glück um den Besitz des Dorfes, welches zuletzt in Melas' Händen blieb. Die Russen trafen erst am Ende des Gefechtes ein und stellten sich rechts an der Trebbia, getrennt von Melas, auf. Auf dem linken Flügel befand sich Melas, auf dem rechten Suworow.

Am 18. Juni griff der Feind nach der Zurückdrängung Otts die Division Fröhlich an, welche überrascht wurde und anfangs wich. Bei dem Eintreffen des Regiments EH. Joseph wurde aber der Feind wieder geworfen, worauf er, verfolgt von der Kavallerie, auf dem rechten Trebbia=Ufer Stellung nahm. Melas hatte eben die Truppen aufgestellt, als Suworow die Abrückung vom linken zum rechten Flügel anordnete. Kaum war das Regiment Lobkowitz=Chevauxlegers unter FML. Johann Liechtenstein abmarschiert, als der Feind plötzlich über die Trebbia vorbrach ...

---

[1] Der französische General Macdonald war ein sehr braver Mann — ich machte später seine Bekanntschaft; er war ein Ehrenmann. Er schnupfte sehr stark Tabak.

Ich war eben beschäftigt, im Dorfe beim Pfarrer für Melas und das Hauptquartier etwas zum Essen herrichten zu lassen. Wir waren daran, uns niederzusetzen, als der Ruf ertönte: der Feind rücke an! Ich schwang mich auf mein Pferd, und es gelang mir, den FML. Liechtenstein noch einzuholen und ihn mit Lobkowitz=Chevauxlegers und Joseph=Infanterie umkehren zu machen. Hierauf führten wir eine Attacke in die Flanke und den Rücken des Feindes aus, welche dessen Zurückgehen über die Trebbia zur Folge hatte.[1]

Hierdurch trat für das Regiment Joseph=Infanterie die Möglichkeit ein, zurückkommen und auf dem linken Trebbia=Ufer aufmarschieren zu können. Macdonald stellte hierauf alle ferneren Versuche ein und verband sich, bei einbrechender Nacht links abmarschierend, mit der über die Gebirge vorgeschickten Kolonne Victors ...

Durch die Vereinigung mit Macdonald wurde die feindliche Armee verstärkt und deren Heerführer Moreau, welcher an den Rhein berufen worden, durch Joubert ersetzt, der nach seinem Eintreffen sofort eine neue Vorrückung, und zwar gegen Novi beschloß ...

Die Franzosen waren auf dem halbrunden Plateau von Novi aufgestellt. Am rechten Ufer stand Bellegarde, dann kam Kray, und das Zentrum bildeten die Russen. Wir waren mit zwanzigtausend Österreichern in der Reserve. Die Russen griffen im Zentrum an und bekamen furchtbare Schläge; wir sollten nun

---

[1] Während ich zu dem Fürsten Johann Liechtenstein vorsprengte, sah ich eine französische Batterie auffahren, die sich zum Feuern vorbereitete. Kaum hatte ich den Fürsten Liechtenstein eingeholt, so kam eine Kanonenkugel und riß meinem Pferde den Kopf ab, so daß mir Blut und Hirn ins Gesicht spritzten. In demselben Augenblicke kam eine zweite, die ihm einen Vorderfuß abriß und — da lagen wir beide! Ich hatte damals eine Ordonnanz, die hieß Thugut, die erwischte mich beim Zopf, warf mich wie einen Sack quer über das Pferd und sprengte davon. Ich war gerettet. Thugut bekam die Goldene Medaille.

vorrücken. Da ich bemerkt hatte, daß unserem linken Flügel nur geringe Kräfte entgegenstünden, so riet ich dem General der Kavallerie Melas vor mehreren höheren Offizieren, er solle die rechte Flanke der Franzosen umgehen. Während Melas zu Suworow ritt, um ihm zu melden, was er vorhabe, führte ich die Truppen hin.

Alle, die davon hörten, sagten: „Der Radetzky hat recht." Es gelang uns auch, beinahe in den Rücken der Franzosen zu kommen, wo wir dann einen Sturm mit zwölf Grenadierbataillonen unternahmen, der fast einem Frontmarsch glich. Wir warfen alles über den Haufen, und die Sache war entschieden. Nun hieß es, was soll jetzt geschehen? Verfolgen! Es wurden auch die nötigen Befehle hiezu erteilt, allein in der Nacht kamen von den Truppenkommandanten zahlreiche Meldungen, welche, wegen des Mangels an Mundvorrat und an Munition, dann des gänzlichen Abganges der Transportmittel, nämlich der Tragtiere, es als eine Unmöglichkeit schilderten, in das vorliegende Gebirge einzudringen. So wurde denn der Befehl zur Verfolgung widerrufen. Dies ist die eigentliche Ursache, warum Suworow den Franzosen nicht in die Riviera folgte.

5. Als Brigadier, 1805

1805 erneuerte sich der Krieg. Ich wurde zum General befördert und nach Italien bestimmt. Dort angelangt, wurde ich vom Erzherzog Karl nach Minerbe beordert, um daselbst die Vorposten von dem General Vincent zu übernehmen. In dieser Zeit hatten die Engländer beschlossen, in Quiberon eine Landung zu übernehmen, welche Lord Moore kommandieren sollte. Moore wählte mich zu seinem Chef des Generalstabes, und ich bekam den Befehl, nach Wien zu kommen, um dort die ferneren Instruktionen zu erhalten. Ich kam eben in Wien an, als die

Meldung einlangte, daß General Mack in Ulm kapituliert habe.

Mack wurde, als er auf Verlangen der Engländer das Kommando bekam, von den letzteren vorgespiegelt, daß in Frankreich bereits eine Militärrevolution vorbereitet sei, als deren Opfer Napoleon fallen werde. Diese sollte losbrechen, sobald sich das österreichische Heer der Grenze Frankreichs nähern würde. Außerdem versprachen die Engländer eine Landung in Frankreich, sobald Napoleon sich von Dünkirchen entfernen sollte, sowie den Anschluß Bayerns, Württembergs und der andern kleinen deutschen Fürsten, lauter Versprechungen, denen Mack aufs Wort glaubte.

Mack war übrigens bei aller Brauchbarkeit und Fähigkeit ein Charakter, der sich immer Illusionen machte, und zugleich der untertänigste Diener in den Familien Schwarzenberg, Fürstenberg usw.

Bianchi war der Hauptführer und hat das größte Verdienst, daß sich der Erzherzog Ferdinand von Ulm aus durchschlagen konnte.

Ich benützte die Gelegenheit [der Anwesenheit in Wien], um Se. Majestät den Kaiser zu bitten, es von meiner projektierten Sendung nach London abkommen zu lassen, da ich glaubte, bessere Dienste meinem Herrn und Kaiser leisten zu können. Se. Majestät nahmen die Bitte gnädig auf, wollten mich aber dem russischen General Kutusow zuweisen. Ich wendete mich deshalb an den Kriegspräsidenten Grafen Latour, der es durchsetzte, daß FML. Schmidt zu Kutusow gesandt wurde und ich wieder zur Armee des Erzherzogs Karl zurückkehren durfte.

Die Armee des Erzherzogs Karl war nach der gewonnenen Schlacht bei Caldiero infolge der Kapitulation von Ulm im Rückzuge nach Wien begriffen. Ich erhielt meine vorige Brigade mit Karl=Ulanen und den Grenzern. Sie stand, als der Feind vorrückte, am Tagliamento. Der Erzherzog besorgte, während des Rückzugs noch im Gebirge von der französischen Armee im Rücken genommen zu werden, und beorderte mich daher, mit dem Regimente Karl-Ulanen so schnell als möglich an die Drau zu eilen, um die allenfalls vorrückende feindliche Avantgarde an diesem Flusse aufzuhalten. Durch diese Brigade gedeckt, konnte die Armee über Neustadtl in Krain den weiteren Rückzug fortsetzen.

Ich vereinigte das Regiment Karl und marschierte über Görz und während des stärksten Vorawindes durch den Birnbaumer Wald nach Loitsch, von da, nach der Fütterung, bis Laibach; den folgenden Tag nach Cilli und wieder den folgenden Tag nach Marburg, wo mir die Nachricht zukam, Marmont sei von Wiener-Neustadt her im Anmarsch gegen mich.

Ich organisierte durch die Landesbehörde einen Landsturm, von welchem die Gebirge längs der Drau bewacht und Alarmstationen mit Wachtfeuern und Böllern eingerichtet wurden.

Ich vernahm in Marburg von dem Vordringen einer feindlichen Reiterabteilung, die sich gegen Ehrenhausen in Marsch gesetzt hatte. An der Spitze zweier Divisionen rückte ich, ungeachtet des eisigen Weges, gegen Ehrenhausen vor. Mitten auf der Höhe des Platschberges angelangt, sahen wir den Feind, bei dessen Anblick die Böller in dem Gebirge ihr Feuer begannen, worüber die feindliche Kolonne stutzig wurde. Ich schickte schnell einen Offizier mit dreißig Mann als Avantgarde bis an die bei Ehrenhausen befindliche gedeckte Brücke und folgte mit den übrigen. Die andern zwei Divisionen wurden bis Pettau auf die Hauptübergangspunkte detachiert. Die beiden Avantgarden stießen auf der Brücke gegeneinander, die feindliche im Schritt, die diesseitige im scharfen Galopp. Die feindliche, überrascht, kehrte rasch um und wurde verfolgt, wobei wir etliche sechzig Gefangene einbrachten. Marmont zog sich mit seinem Gros nach Graz zurück und stellte nun seine Posten bei

Weinzirl auf. Hierdurch wurden die Brücken an der Drau erhalten.

Mittlerweile kam auch FML. Chasteler mit einer Armeedivision aus Tirol, und der Erzherzog Karl rückte mit der Armee in der Direktion von Fürstenfeld nach Kanizsa. Ich mußte durch die Gebirge Ödenburg gewinnen und mich dort als Avantgarde aufstellen. In Ödenburg, wo ich bekannt war, angelangt, erfuhr ich, daß unweit der Grenze Holländer bequartiert seien und alle Vorsichtsmaßregeln aus den Augen ließen. Ich wollte sie überfallen und marschierte mit meinen Ulanen bereits bei Wimpassing über die Grenzbrücke. Hier begegnete mir ein Stabsoffizier, Oberst Rechbach von Kaiser-Kürassieren, der mir zurief, auf Befehl Seiner Majestät zu halten. Nach der unglücklichen Schlacht von Austerlitz war ein Waffenstillstand geschlossen worden, und die Friedensunterhandlungen hatten bereits begonnen. — Damals hatte ich Verbindungen in Wien. Während ich die Holländer vom Marmontschen Korps, die schwierig waren, überfallen wollte, sollte in Wien ein Aufstand, geleitet von dem Grafen Joseph Hardegg, ausbrechen. Mein ehemaliger Regimentspater Maschel von Albert-Kürassieren unterhielt die Korrespondenz mit Wien, wohin er, als Bäcker verkleidet, gegangen war.

Die Armee des Erzherzogs Karl, der sein Hauptquartier in Ödenburg genommen, konzentrierte sich an der Grenze Ungarns. Ich hatte den rechten Flügel der Vorposten, welcher von der Rosalienkapelle bei Ödenburg über Kittsee bis an die Au nächst Preßburg reichte. Während der langen Unterhandlungen in Preßburg ereignete sich nichts von Bedeutung. Ich blieb in Parndorf, als dem Mittelpunkte meiner Stellung, und ward nach erfolgtem Frieden als Brigadier nach Wien bestimmt.

Hier blieb ich und erhielt zwei besondere Aufträge: a) das Fuhrwesen und die Tierarzneischule zu verbessern, b) eine Equitation für die Kavallerie in Wiener-Neustadt zu etablieren.

6. Radetzkys Rolle im Jahre Neun

In der Zeit, in welcher der Erzherzog Karl das Heerwesen leitete, trat für die Armee eine neue Ära ein. Alles, was er tat, beabsichtigte, den Geist der Armee zu heben, was auch geschah. Man fing damit an, die Administration von dem rein Militärischen zu trennen. Hofrat Faßbinder, ein tätiger, einsichtsvoller Mann, stand an der Spitze der Administration, und hätte der Erzherzog von der militärischen Seite eine gleiche Unterstützung erfahren, so ist es außer allem Zweifel, es würde der Armee der Glanzpunkt nicht vorenthalten worden sein. Allein der Erzherzog hatte keinen geistig bedeutenden Soldaten an seiner Seite, und so blieb das Militärische hinter dem Administrativen zurück. Das Ziel wurde also verfehlt, auch das Administrative geriet in Verfall, und der alte Schlendrian der Bureaukratie wucherte fort unter der papierenen, bureaukratischen, hofkriegsrätlichen Pedanterie. Ein einziges blieb von dieser Zeit: es ist die Landwehr, die damals ins Leben trat, und die gleichzeitig eingeführte Kapitulation, kraft welcher die Dienstzeit des Mannes, welche bisher eine lebenslängliche gewesen, auf vierzehn Jahre und eine zehnjährige Landwehrpflicht festgesetzt wurde. Da die Grundzüge dieser neuen Organisation noch im Entstehen durch den Krieg von 1809 erschüttert wurden, so konnte dieselbe auf die Chargenersetzung, vorzüglich der Offiziere, keinen Einfluß äußern. Letztere wurden aus dem Pensionsstande, aus dem Stande der Beamten, den sonst sich anmeldenden Güterbesitzern und den Privatleuten gewonnen. Obwohl sie der gehegten Absicht nicht ganz entsprechen konnten, gab diese Maßregel dennoch der ganzen Nation einen Aufschwung und vermehrte die Zahl der Streiter wenigstens dem Namen nach.

Die Armee gewann dadurch während des Feldzuges keinen Vorteil, denn wenige Bataillone ausgenommen, waren die übrigen schlecht. Nur der Staat hatte den Nachteil, daß die Offiziere alle, als supernumerär eingestellt, meist im späteren Frieden dem Staatsschatze durch die Pensionierung zur Last fielen. Der Feldzug 1809 war schon im Entstehen verunglückt.

... Man konzentrierte die Armee in Böhmen und brach nicht aus Böhmen an die Donau nach Regensburg vor, sondern verlegte die Konzentrierung von Böhmen nach Österreich, wodurch Verspätung eintrat. Davout konnte recht gemütlich nach Regensburg kommen und sich der Donau bemeistern, während wir langsam und in kurzen Märschen uns dahin begaben. Napoleon gewann dadurch Zeit, mit seiner Armee gleichzeitig mit uns an der Donau einzutreffen. Hier begingen wir den zweiten Fehler, indem mit der nutzlosen Einnahme von Regensburg abermals Zeit verloren wurde, anstatt aus dem Defilee von Rohr heraus nach Abensberg zu marschieren. Noch in diesem Defilee, wo der Angriff Napoleons abgewartet wurde, geschlagen, eilte der Erzherzog Karl mit der Armee nach Böhmen und ließ das fünfte und sechste Korps unter Hiller auf dem rechten Donau-Ufer zurück. Diese Korps, von Napoleon gedrückt, zogen in steter Erwartung, die Donau übersetzen zu können, fechtend gegen Wien, um sich mit der Armee zu vereinen. Endlich erfolgte der Übergang bei Krems, und die Vereinigung geschah nach dem Eintreffen des Erzherzogs Karl bei Stammersdorf.

Mir wurde während des ganzen Rückzuges die Führung der Arrieregarde Hillers zuteil. Bei Wels angelangt, erhielt ich den Befehl von Hiller, die Traunbrücke zu passieren und dann zu zerstören. Ich wußte jedoch, daß FML. Schustekh mit zwei Brigaden sich noch bei Efferding befinde und das feindliche Korps Suchet nur mehr auf halbe Marschweite entfernt sei. Sobald ich über die Traun auf das rechte Ufer ging, war Schustekh abgeschnitten und konnte der Gefangenschaft nicht entgehen, da Masséna bereits im Anmarsche auf Linz begriffen war. Ich entschloß mich deshalb, auf dem linken Ufer der Traun zu bleiben und Schustekh durch ausgeschickte Patrouillen zum Rückgehen einzuladen. Dies geschah, aber ich wurde bei Ebelsberg in ein nachteiliges Gefecht verwickelt und geriet auf der dortigen Brücke in ein blutiges Pelemele mit Massénas Truppen. Das Kapitel erkannte mir hierfür das Kommandeurkreuz des Theresienordens zu. Ich behielt die Arrieregarde bis St. Pölten, wo mich Schustekh ablöste. Ich ging hierauf bei Krems über die Donau.

Nach dem Eintreffen der Armee blieb ich beim fünften Korps unter dem Prinzen Reuß und befehligte die Vorposten von Stockerau bis zur Schwarzen Lake. Bei der Ankunft des Generals Bubna, des Generaladjutanten des Kaisers, drang ich in denselben, sich schnell nach der Lobau zu verfügen, um dort das Regiment Duka=Infanterie zum Halten zu beordern und dem Feinde den Übergang nach dieser Insel zu verwehren. Dieses Unternehmen mißlang jedoch. Nach der Ankunft der Avantgarde der Armee, welche General Graf Klenau führte, verfügte ich mich mit zwei Divisionen Ulanen an die Spitze dieser Avantgarde. Ich wurde durch einen Jäger benachrichtigt, daß der Feind nicht nur die Insel Lobau besetzt, sondern auch den Donauarm überschritten habe und im Vorrücken gegen Stammersdorf begriffen sei. Bei einbrechender Nacht stieß ich auf den Feind; eine glückliche Attacke verschaffte den Ulanen einige Beutepferde, und hierauf lagerten beide Teile einander gegenüber.

Der Feind benützte die Nacht, um den Übergang seiner Armee bei der Lobau über die Donau zu bewirken, und wir, um uns zur Schlacht vorzubereiten. Ich wurde mit meinen Ulanen an die Schwarze Lake und nach Stockerau zurückgewiesen. Die Schlacht [bei Aspern] wurde zu unserem Vorteil beendet. Hauptmann Magdeburg vom General=Quartiermeisterstabe bewirkte durch Losmachung einer Schiffmühle, die er dem Strome überließ, die Zerstörung der Brücke, die Napoleon über den großen Donaustrom in die Lobau geschlagen hatte, und half da=

durch den Sieg vollenden. Allein wir ließen den Sieg unbenützt, und vier Wochen verliefen in Untätigkeit. Die Armee blieb in ihrer Ausdehnung hinter der Donau, mit ihrem rechten Flügel gegenüber von Linz. Mit ihr war die Armee unter Erzherzog Johann, welche bei Preßburg und in der Schütt stand, in loser Verbindung, während Napoleon alle seine detachierten Korps und Abteilungen so konzentrierte, daß jedem die Wahrscheinlichkeit der Wiederholung des Stromüberganges klar vor Augen lag. Ich wurde nach der ersten Schlacht zum Feldmarschalleutnant befördert und übernahm eine Division beim vierten Korps unter dem Fürsten Rosenberg.

Wimpffen, zum General befördert, wurde zum Chef des Generalstabes ernannt. Alles hoffte und erwartete eine Unternehmung, als plötzlich der Feind nachts, inmitten eines heftigen Gewitters, den Übergang über den kleinen Arm der Donau bei der Lobau bewirkte und mit dem Brande von Groß-Enzersdorf bezeichnete.

Nachts zwölf Uhr kam die Disposition für den folgenden Tag. Der Fehler derselben lag in der Berechnung der Zeit. Der Angriff auf den Feind sollte um vier Uhr erfolgen, und zwei Korps konnten erst gegen sechs und sieben Uhr die Schlachtlinie erreichen. Demungeachtet hatten das erste und zweite Korps bald nach ihrem Eintreffen so viele Vorteile über den Feind errungen, daß, wenn diese benützt und unterstützt worden wären, man sich große Resultate versprechen konnte. Sie wurden aber nicht benützt. Um unseren linken Flügel zu durchbrechen, hatte der Feind alle Kraft und Anstrengung angewendet. Es standen auf diesem meist mährische Landwehrbataillone, dennoch könnte ich behaupten, wir würden auch da wenigstens nicht geschlagen worden und nach einer unentschiedenen Schlacht in unserer Stellung geblieben sein, wenn nicht der Oberst Simony einen unüberlegten, schlecht geführten Angriff auf sechs schon im Retirieren begriffene Regimenter ausgeführt hätte. Diese Attacke, im Gänsemarsche und nicht geschlossen unternommen, zwang die sechs Regimenter, sich in Massa zu formieren und zu verteidigen. Da Prinz Koburg, damals Oberst=Regimentskommandant, den vor ihm angreifenden Obersten Simony nachahmte und sein Regiment Erzherzog=Ferdinand=Husaren folgen ließ, wurden beide Regimenter mit Verlust zurückgeworfen. Die im Graben zu dessen Verteidigung aufgestellten Landwehrbataillone verließen, um nicht von den zersprengten Husaren niedergeritten zu werden, teilweise ihren Posten, und die sechs französischen Regimenter ermannten sich und gingen zur Offensive über. Der auf einer Höhe liegende Turm von Markgrafneusiedl war unverschanzt geblieben und wurde nur durch eines der zwölfpfündigen Geschütze verteidigt, weshalb es diesen sechs Massen ohne besondere Schwierigkeit gelang, die Höhe und den Turm zu erreichen. Damit war der linke Flügel unserer Stellung umgangen, und wir mußten eine Flanke bilden. Napoleon benützte diesen Umstand, verstärkte seinen rechten Flügel nur noch mehr, und — die Schlacht war verloren.

Nach der Eröffnung der Schlacht sendete der Erzherzog Karl den Major und Flügeladjutanten Fürsten Reuß als zweiten Boten an Erzherzog Johann nach Preßburg, um diesen einzuladen, mit den ihm zu Gebote stehenden Truppen den befohlenen Anmarsch zu beschleunigen und an der Schlacht teilzunehmen. Als aber kein Husar seiner vorrückenden Truppen erschien, mußte vom linken Flügel, von welchem die Kolonnen des vierten Korps sich bis auf Hohenleiten zurückzogen, der Rückzug über Bockfließ angetreten werden. Der übrige Teil der Armee retirierte auf der alten Straße gegen Böhmen. Ich kommandierte beim vierten Korps die Arrieregarde. Bei Wolkersdorf angelangt, fand ich Gelegenheit, diejenigen Soldaten, die sich bis dahin verlaufen und zerstreut hatten, auf der hinter dem Orte Wolkersdorf befindlichen Höhe zu sammeln. Dadurch wurde dem Feinde der Glaube beigebracht, die Armee sei hier, und ich erhielt die Möglichkeit, den verfolgenden Feind den ganzen Tag aufzuhalten. Mit einbrechender Nacht setzte ich meinen Rückzug auf der mährischen Straße gegen Brünn fort. Auf der letzten Post vor dieser Stadt kam ein französischer Parlamentär an und forderte den freien Marsch nach Brünn. Da mir nichts von einem Waffenstillstande bekannt war, so kam man dahin überein, den Befehl erst einholen zu wollen. Dadurch gewann die Armee einen ganzen Tag. Die Truppen bezogen eine enge Kantonierung, und ich erhielt eine Zwischendivision zwischen der ungarischen und böhmischen Armee in Pistyan. Kaum dort angelangt, erfuhr ich meine Ernennung zum Chef des General= Quartiermeisterstabes bei dem zum Feldmarschall ernannten Fürsten Johann Liechtenstein in Neuhäusel. Ich bat bei meinem Eintreffen in Neuhäusel um eine andere Anstellung, nachdem ich mich nicht gewachsen fühlte, einen solch wichtigen Posten zu versehen, besonders in einer Zeit, wo der Geist der Armee nach den verlorenen Schlachten so gesunken sei, daß Erzherzog Karl nicht mehr das Kommando der Armee behalten wolle. Wimpffen könne leichter die Stelle versehen als ich, dem nichts von den Antezedenzien bekannt sei. Es sei der Wille Sr. Majestät, war die Antwort, und ich konnte es nur dahin bringen, daß mich der Fürst nach Totis ins Hoflager mitnahm. Dort angelangt, erhielt ich von Sr. Majestät den mündlichen Bescheid: „Daß Sie nicht mit Absicht Dummheiten leisten werden, bürgt mir Ihr Charakter, und machen Sie gewöhnliche Dummheiten, so bin ich die schon gewohnt." So mußte ich gleich die Linie der Armee bereisen und eine verschanzte Stellung anordnen, in welcher bei allfälligem Angriffe die weitere Vorrückung des Feindes nach Ofen verhindert werden konnte. Es wurde die von Acs gewählt, so gut wie möglich durch Schanzen zur Verteidigung eingerichtet, und die Armee zur Verteidigung dahinter in enge Kantonierung gelegt. Mittlerweile gingen die Unterhandlungen in Wien fort. Napoleon, ungeduldig über die Zögerung, drängte auf ein Ultimatum und verlangte den FM. Fürsten Liechtenstein mit noch einem General zu den Unterhandlungen.

Ich erhielt den Auftrag, einen Operationsvorschlag zu einem Angriffe auf den Feind zu machen, weil Staatsrat Baldazzi und Hofrat Lehmann Se. Majestät täglich zur Fortsetzung des Krieges, und zwar zum Angriffe, zu bestimmen suchten. Seine Majestät ließ auch den nach Alt=Gradiska an der türkischen Grenze verwiesenen FML. Mayer kommen, konnte jedoch, da auch dieser zu einem Angriffe riet, keinen entscheidenden Entschluß fassen.

Ich entwarf zwei Angriffspläne; den einen über Hainburg gerade auf Wien, den anderen, mehr Erfolg versprechenden, um den Neusiedler See herum und über Mattersdorf gegen Wien. Ich bat hierauf, den Armeeminister Grafen Zichy sowie den Landeskommissär Vegh und den General Mayer zu einer Sitzung einzuberufen, um sich der Mittel der Verpflegung und der hierzu erforderlichen Landesfuhren zu versichern. Ich war in Totis angewiesen, jede Meldung zuerst dem FM. Bellegarde, dem FZM. Duka und dem General Grafen Bubna mitzuteilen, deren Meinung darüber zu vernehmen, zur Schlußfassung dem Kommandierenden, Fürsten Liechtenstein, den Vortrag zu machen und den Beschluß dann Sr. Majestät zu melden. Ich fand, daß ein Kommando dieser Art eine Unmöglichkeit sei, und war mit allen diesen Herren überzeugt, daß eine Fortsetzung des Krieges im Dezember unausführbar wäre. Ich brachte bei der Sitzung alles zur Sprache, und Graf Zichy, Armeeminister, sprach die Unmöglichkeit der Lieferung der Verpflegung aus, wenn nicht das Ober=Landeskommissariat 36 000 drei= und vierspännige Wagen beizustellen vermöge. Solches erklärte der Kommissär Vegh als ganz unmöglich, sobald nur ein Russe die Karpathen überschreite. Da man das Gegenteil nicht verbürgen konnte, blieb die Verpflegung unsicher, somit auch jede Operation unausführbar. Hierauf wurden Fürst Liechtenstein und Bubna zur Unterzeichnung des Friedens nach Wien abgesendet, die Armee aber aufgelöst und in ihre Friedensquartiere gewiesen.

7. Als Generalstabschef der Befreiungskriege

Mit dem Eintritte des unglücklichen Friedensschlusses sanken die Finanzen dergestalt, daß Ersparnisse aller Art nicht mehr hinreichten, sondern alles, was auf die Armee Bezug hatte, vernachlässigt wurde. Dadurch entstanden Lücken in allen Ausrüstungsvorräten, so daß die Gewehre beschädigt oder ganz unbrauchbar in die Zeughäuser hinterlegt werden mußten. Diese arge Vernachlässigung der Armee in allen ihren Teilen hatte zur Folge, daß außer dem im Jahre 1812 zusammengesetzten Hilfskorps von dreißigtausend Mann unter FM. Fürst Schwarzenberg und des zweiten, als Ergänzung für das erstere, unter Fürst Reuß in Galizien aufgestellten Korps nur Kadres von fünfzig Gemeinen bei den Kompagnien der deutschen Regimenter vorhanden waren, welche Kadres kaum als Grundlage für eine Armeeaufstellung dienen konnten.

Ich bat um eine Division in der Linie, allein Se. Majestät berief mich zu sich und forderte mich auf, die General-Quartiermeisterdienste fortzuführen und als Hofkriegsrat einzutreten. So blieb ich in dieser Charge bis zum Jahre 1813, wo ich nach Prag gesendet wurde, um unter Kommando des FM. Fürsten Schwarzenberg eine neue Armee zu bilden.

Ich stand damals der Politik und den Verhältnissen des Staates ganz fern und arbeitete, wie jeder andere General, in meinem Bureau im Kriegsgebäude, als eines schönen Morgens Clam mich zum Fürsten Schwarzenberg berief und mir mitteilte, es habe mich dieser zum Chef des Generalstabes gewählt. Der Fürst war Gesandter in Paris gewesen und auf Verwendung Napoleons Feldmarschall geworden. Da er als Oberst ein gutes Renommee gehabt hatte, so glaubte man, er müsse auch ein großer Feldherr sein. Ich hatte den Fürsten früher gar nicht gekannt, und er hatte mich auf Anempfehlung des Fürsten Liechtenstein gewählt. Ich war unbekannt mit den Verhältnissen seines Hauses, mit seinen Gewohnheiten und Fähigkeiten und fand mich gleich anfangs, da mir das Treiben und Wirken der sogenannten großen Welt, deren Triebfedern einige Damen waren, unbekannt war, unbehaglich.

Kaum beim Fürsten angelangt, beauftragte er mich sogleich, eine preußische Depesche, in welcher Blücher anfragte, was er für eine Stellung zu nehmen habe, zu beantworten.

Ich erhielt vom Fürsten den Auftrag, dahin zu arbeiten, daß mittlerweile die Armee wiederhergestellt werde. Ich wendete mich deshalb mehrmals an den Kriegspräsidenten FM. Grafen Bellegarde. Ich sollte einen Operationsplan entwerfen. Ich schlug vor, die zwei Auxiliarkorps zu vereinen, mit solchen sechzigtausend Mann gerade auf München zu marschieren, den König von Bayern von Napoleon abzuschneiden und ihn zu zwingen, sich mit Österreich zu verbinden. Auf jeden Fall sollte der König daran gehindert werden, sein auf nichts herabgekommenes Kontingent wieder zu komplettieren und sich dann damit bei Leipzig als Noyau für eine neue Armee aufzustellen. Graf Bellegarde und Duka fanden diesen Vorschlag exzentrisch und bestimmten:

a) Das Auxiliarkorps solle nach Böhmen marschieren, wo die Armee zu formieren sei;

b) das Korps des Fürsten Reuß in Galizien solle geteilt werden; die eine Hälfte unter Reuß solle sich in Oberösterreich,

c) die andere Hälfte unter Hiller bei Villach in Kärnten formieren;

a solle aus 120 000 Mann,

b und c jedes aus 60 000 Mann bestehen.

Ich kam in Prag an und fand den besten Willen bei dem Kommandierenden, aber kein Geld, um alles das beizustellen, was die Armee benötigte. Ich verfügte mich zum Oberst=Burggrafen Grafen Kolowrat, der mir zwar die Aushebung der Rekruten und vom Lande Beistellung der Pferde, aber kein Geld zusagen konnte. Endlich verfiel Kolowrat auf den Gedanken, er besitze eine Million Gulden, die morgen nach Wien gesendet werden sollte; wenn ich es auf mich nähme, die Hand darauf zu legen und ihm diese Million zur Verfügung zu stellen, so werde er damit à=conto=Zahlungen an die Fabriken und Handelsleute leisten, um alles, was zur Herbeischaffung von Wäsche und Kleidungsstücken erforderlich, zu requirieren. In mehreren, in dieser Stadt vorhandenen Reitbahnen und Tanzsälen sollten dann die Handwerksleute aller Zünfte vereinigt werden, um Monturen und Rüstungen herzustellen. Das Generalkommando hatte für die Herstellung der in den Zeughäusern befindlichen Gewehre zu sorgen. Pferde wurden vom Lande beigestellt.

Alles dieses wurde mit Tätigkeit und bestem Willen durchgeführt, so daß nach Verlauf von vierzehn Tagen Wäsche, Schuhe und Monturen für sechzigtausend Mann dem Generalkommando abgeliefert und ebensoviel Rekruten mit sechsundsechzigtausend Pferden und fünfzehntausend Landesfuhren übergeben werden konnten.

Der in Mähren kommandierende General, Erzherzog Ferdinand, bewirkte mit Hilfe des dortigen Gouverneurs Grafen Lazansky ähnliches, so daß in drei Wochen eine Armee von einhundertzwanzigtausend Mann vollständig ausgerüstet bei Prag versammelt stand. Sie war zwar unabgerichtet und mit allem, was Dienst heißt, unbekannt, aber unter den Waffen. So marschierte die Armee in die erste Aufstellung, aus welcher zwanzigtausend Kranke in die Spitäler wanderten.

Überdies stellte Böhmen noch zwanzigtausend beschirrte Zugpferde mit fünftausend Landeswagen an die preußische Armee.

Die Magazine, für sechs Wochen für dreihunderttausend Mann und hunderttausend Pferde ausreichend, wurden von Österreich, Mähren und Böhmen beigestellt.

*

Der Ursprung des Trachenberger Operationsplanes war eine Besprechung, welche zwischen mir und [dem russischen] General Toll in Jičin stattfand. Als General Toll vom Kaiser Alexander nach Jičin gesendet wurde, bekam ich den Auftrag, ihm die Honneurs zu machen und mit ihm alles zu besprechen. Ich stellte bei dieser Gelegenheit den Grundsatz auf, die österreichische Armee sei der Pivot, während die Alliierten den schwenkenden Flügel bilden müßten. Die Verantwortung fiel doppelt schwer, da man bedenken mußte, daß die Armee noch nicht organisiert war und man daher jedes offensive Vorgehen derselben zu vermeiden hatte.

Auf diese Besprechung mit Toll mich basierend, arbeitete ich den Entwurf zum Trachenberger Operationsplan aus, der vom Generalstabsobersten Grafen Latour nach Trachenberg gebracht wurde. Es ist meine Überzeugung, daß das Säumen Österreichs, dem Bündnisse mit den Alliierten im Jahre 1813 beizutreten, seinen Grund in dem Mangel an Vertrauen in die eigenen Mittel hatte. Geld war keines vorhanden, und niemand glaubte an die Möglichkeit, die Armee in kurzer Zeit auf den notwendigen Stand der Mobilität zu bringen. Die Armee war vor dem Kriege in einem zu vernachlässigten Zustande; die Kompagnien hatten einen Stand von nur sechzig Mann. Die Armee war damals eine reine militärische Unschuld und die Soldaten nur verkleidete Bauern, aus welchem Umstande sich auch teilweise die große Zahl der vorhandenen Kranken erklären läßt. Als bei der Aufstellung der Armee im Tale zwischen Töplitz und Arbesau am 12. September 1813 die Artillerie auffuhr, war die Bespannungsmannschaft in leinenen Kitteln und Unter=

hosen und fuhr unter Tschihi und Hott und dem Gejammer der
Artillerieoffiziere auf.

Als ich in Prag mit der Organisation der Armee beschäftigt
war, kam General Scharnhorst blessiert dahin. Ich besuchte ihn
in seiner Wohnung bei den „Drei Linden" am Graben; da kam
das Gespräch auf die Zukunft, wobei er mir sagte: „Österreich
muß sich an Preußen und Rußland anschließen, dann können
wir siegen, sonst sind wir verloren." Ich sprach ihm hierauf von
meiner Ansicht, welche darin bestand, die große Armee in meh=
rere Teile zu teilen, von denen jeder die erste Gelegenheit er=
fassen sollte, um dem Feinde Abbruch zu tun, aber jedem ernsten
Stoße ausweichen müßte. Er sagte mir: „Bleiben Sie dabei,
Sie haben recht, und lassen Sie sich nicht irremachen."

*

Nach der Schlacht bei Leipzig beabsichtigte der königlich preu=
ßische Generaladjutant Generalleutnant Graf Knesebeck eine
Beschleunigung der Operationen, während der im Hauptquar=
tier der Verbündeten anwesende FZM. Duka bloß zur Verfol=
gung des geschlagenen Feindes bis an den Rhein riet.[1] Ich hegte
die Absicht, die Hauptarmee schnell in der Richtung von Straß=
burg an den Rhein zu bringen, solchen zu überschreiten und die=
selbe mit den eben damals der Koalition beigetretenen Bayern
in Verbindung zu setzen, während Blücher den französischen
Kaiser gegen Mainz verfolgen und den Kronprinzen von
Schweden in den Niederlanden eindringen lassen wollte. Allein
der Kaiser Alexander sowohl als der König von Preußen
hegten die Besorgnis, Napoleon könnte umkehren und den
preußischen Feldmarschall schlagen. Aus diesem Grunde be=
standen sie auf der gemeinschaftlichen Vorrückung über Frank=
furt gegen Mainz, während sie den Kronprinzen einluden, den

---

[1] Baron Duka hatte als Jugendgespiele des Kaisers bei diesem großen
Einfluß und hieß scherzhaft der „Generalstabschef am Kaiserlichen Hoflager".

Feind aus dem nördlichen Deutschland und den Niederlanden zu vertreiben. Infolge dieser Ansicht wurde das österreichisch-bayrische Korps des FM. Wrede so schnell als möglich gegen den Rhein vorgeschoben, um den Rückzug der Franzosen, wo nicht zu hindern, doch zu erschweren. Wrede rückte bis Hanau; da er sich aber um zwei Märsche verspätet hatte und, statt bei Gelnhausen Posto zu fassen, in der Ebene eine höchst nachteilige Aufstellung nahm, vor deren Front sich ein Wald hinzog, deren rechter Flügel zwar an den Main gelehnt war, deren linker aber gar keinen Stützpunkt hatte, so konnte von dem Tage bei Hanau nichts anderes erwartet werden, als was er eben brachte.

Die Frage, was weiter zu geschehen habe, wurde im Hauptquartier zu Frankfurt vielseitig angeregt, wobei sich aber die verschiedenen Interessen deutlich kundgaben. FZM. Duka verlangte eine verschanzte Aufstellung längs des Rheins; die Preußen, von allen Subsistenzmitteln entblößt und abgerissen, forderten entweder die Unterwerfung aller, zwischen der Weichsel und dem Rhein im Rücken des Heeres noch vom Feinde besetzten Festungen oder aber eine Offensive gegen die Niederlande. Alle drei Souveräne waren darin einverstanden, daß man durch kluge diplomatische Unterhandlungen den Krieg seinem Ende zuzuführen trachten müsse, und zu diesem Zwecke sollte auch wirklich ein nach Paris zurückkehrender westfälischer Diplomat mit den erforderlichen Vollmachten versehen werden. Ich war damals der einzige, welcher sich dieser Meinung kühn entgegenzustellen wagte und auf der Fortsetzung einer kräftigen Offensive jenseits des Rheines bestand.

*

In Freiburg [i. B.] mußte ich am Tage vor Weihnachten des Jahres 1813 wegen administrativer Maßregeln ins Hoflager des Kaisers. Der Kaiser ließ mich zu sich hineinrufen und sagte mir: „Unter anderem, wenn Sie mir mit Ihren Projekten nicht

aufhören und nichts Gescheiteres haben als Ihren Operations=
plan, so lasse ich Sie am Spielberg einsperren oder um einen
Kopf kürzer machen."

Mit einer Verbeugung und ohne ein Wort zu sagen, verließ
ich das Zimmer des Kaisers und begab mich zum Fürsten
Schwarzenberg, den ich, wie es seine Gewohnheit war, trotz
der Jahreszeit, bei offenem Fenster sich rasierend fand. Ich
sagte ihm, was mir geschehen, und bat ihn, sich einen andern
Chef des Generalstabes zu wählen und mir eine Division zu
geben, da ich unter diesen Verhältnissen unmöglich bleiben
könne. Da trat eben der Oberstkämmerer Graf Wrbna ein und
sagte mir, der Kaiser lade mich zur Tafel. Ich erschien, aß kei=
nen Bissen, bemerkte jedoch, daß der Kaiser immer auf mich
herübersah. Nach dem Essen kam der Kaiser auf mich zu und
fragte mich: „No, wie gehts, Radetzky?"

Ich: „Sehr schlecht, Euer Majestät."

Der Kaiser: „Warum?"

Ich: „Weil ich die Gnade Euer Majestät verloren habe; aber
erlauben Euer Majestät eine Frage: Haben Euer Majestät den
Operationsplan gelesen?" Die Antwort war: „Nein." — „So
lesen ihn Euer Majestät und erlauben Euer Majestät, daß,
wenn etwas darin vorkommt, was nicht richtig ist, ich mich da=
gegen verteidige."

Der Kaiser sagte mir: „Ja, ja, noch heute", und berief die
Fürsten Schwarzenberg und Metternich und FZM. Duka zu
einer Sitzung, in welcher mein Operationsplan besprochen wurde.

Der FZM. Duka, welcher meinen Gründen für das Über=
schreiten des Rheines und den sofortigen Marsch gegen Paris
nichts mehr zu entgegnen wußte, wurde so aufgebracht, daß er
mit einem: „In drei Teufels Namen, wollen Sie gescheiter
sein als der Prinz Eugen?" mit der Faust auf den Tisch schlug,
daß die Tinte hoch aufspritzte. Meine Antwort war: „Der
Prinz Eugen wäre schon längst über den Rhein."

Der Kaiser aber stand auf und sagte: „Nein, nein, ich bin mit dem Radetzky ganz einverstanden." Darauf empfahl sich Fürst Schwarzenberg und sagte, er reise noch heute nacht ab, um die schon vorbereiteten und in Echelons aufgestellten Truppen in Marsch zu setzen. Fürst Schwarzenberg begab sich zum Kaiser Alexander und zum König von Preußen, und wir gingen noch in derselben Nacht nach Lörrach, um am 30. Dezember den Übergang bei Basel zu bewerkstelligen. Bubna, der die Avantgarde führte, sollte oberhalb Basel eine Pontonbrücke zum Übergang erhalten, und letztere wurde bereits dort aufgestellt. Die Strömung des Rheins war jedoch so groß, daß wir keine Brücke zustande brachten, da in den Steinen alle Anker abrissen. Bei dieser Gelegenheit wären ich und der preußische General Hake bald gefangen worden. Wir bestiegen die ersten Pontons, als sich plötzlich der Ponton losriß und wir den Wellen preisgegeben wurden. Nur durch das schnelle Beispringen der Pioniere wurden wir wieder aufgehalten, sonst wären wir direkt nach Hüningen hineingetrieben worden.

Als ich im Feldzug 1813 zu Basel ankam, war meine Gesundheit so zerrüttet, daß ich kaum mehr die anstrengenden Arbeiten versehen konnte. Ich kann sagen, daß ich mich vom Dezember bis März kaum einmal ausgezogen habe. Mehrere Ärzte, darunter Dr. Stift, erklärten, ich müsse zurückbleiben, aber unser dirigierender Stabsarzt, der die Unmöglichkeit hiervon einsah, riet mir, täglich zu Mittag ein Glas gekochten Bordeaux zu trinken. Dies erfuhr Kaiser Alexander, und wo ich auch sein mochte, im Lager oder vor dem Feind, täglich kam ein Kosak, der mich schon sehr gut kannte und mich, weiß Gott wie, immer fand, und brachte mir meinen Bordeaux.

Meine Nerven waren so angegriffen, daß ich im Monate August 1815 in St. Cloud, wo ich im Palais des Ministers des Auswärtigen wohnte, bei der stärksten Hitze einheizen mußte, um mich zu erwärmen.

Als man während des Kongresses zu Wien die Nachricht von der Flucht Napoleons von der Insel Elba erfuhr, ließ mich Fürst Schwarzenberg holen und teilte mir diese mit. Er befand sich eben in einer großen Soiree. Es war eine schreckliche Konfusion, und als ich ihn fragte, was geschehen werde, sagte er mir, er könne mir erst am folgenden Tage die Antwort geben, da noch gar nichts bestimmt sei. Ich versicherte ihm, daß die Armee noch so beisammen sei, daß wir in acht bis vierzehn Tagen marschieren könnten. Den Tag darauf gingen wir zusammen zum Kaiser, und der letztere übergab mir neuerdings die Stelle eines Chefs des Generalstabes, obwohl ich vorstellte, daß meine Gesundheit mir die Führung dieses Amtes nicht erlaube.

Ich mußte gleich nach Mailand abreisen, von wo ich mich in die Schweiz begab, um mich in Bern mit dem dort kommandierenden General ins Einvernehmen zu setzen. Hierauf eilte ich nach Deutschland zur Armee.

Ich brauchte nach diesen Feldzügen drei Jahre, um mich gänzlich zu erholen.

(Aus den Mitteilungen des Kriegsarchivs, Wien 1887.)

Aus den Denkschriften

1. Wie ist Österreich in die gegenwärtige Lage gekommen?

1809

... Die Frage, wie ist Österreich in die gegenwärtige Lage gekommen, glaube ich kurz und richtig mit dem zu beantworten, wenn ich ohne Hindeutung auf jeden einzelnen Fall sage:

Österreich hatte sein System im Innern nie auf den Krieg, immer nur auf den Frieden berechnet, jeder Ausbruch eines Krieges scheint alle Zweige der Staatsverwaltung in ihren großen Grundlagen zu erschüttern, zu bedrohen, weil sie eben

— die Militärverwaltung selbst nicht ausgenommen — nur den Frieden zu genießen, nicht ihn zu erhalten geschaffen zu sein scheinen . . .

Es ist demnach kein Wunder, wenn bei jedem Ausbruch eines Krieges derjenige General, welchem der Oberbefehl über die Armee aufgetragen war, vieles forderte, und um so gewisser allzuviel zu fordern schien, je mehr derselbe ein schon erfahrener Feldherr war, folglich die Mittel mit dem Zweck in ein weises Ebenmaß zu setzen wußte; kein Wunder also, daß gerade die würdigsten Feldherren das meiste Gegenstreben bei allen Zweigen der Staatsverwaltung, selbst im Hofkriegsrate gefunden haben. Kein Wunder, daß beim Anfang eines jeden Krieges jedesmal die Mittel mit dem Zweck im Mißverhältnis gewesen sind.

So muß immer ein großer Teil des ersten Feldzuges vorüberstreichen, bevor die Armee ganz im schlagfertigen Stand dem Feind entgegengeführt werden konnte, und wenn die größere Geistesregsamkeit eines Feldherrn diese Zögerung nicht ertrug, wenn er im Übergefühl der Wahrheit: man muß den Feinden zuvorkommen, mit der noch nicht in allen ihren Teilen vollzähligen, noch nicht ganz ausgerüsteten, noch nicht genug an den Geist seiner Befehle gewöhnten, noch nicht von ihm selbst in ihrer moralischen Fähigkeit hinlänglich geprüften oder gekannten Armee dem Feinde entgegenging, so mußte er entweder unterliegen, oder wenn die Tapferkeit der Truppen den Sieg erfocht, so fehlte es dennoch an Mitteln, dem Sieg andere Folgen als jene eines unfruchtbaren Ruhmes zu verschaffen, und auch dieser mußte in dem Kleinmut erregenden Harren auf neue Kräfte zu einer neuen, so folgenleeren Schlacht ganz verschwinden.

Wie konnte es bei solchen Verhältnissen möglich werden, die einzig durch den Geist des Feldherrn oder durch die Tapferkeit der Truppen günstig gewordene Lage des Krieges auf die Dauer eines ganzen Feldzuges oder über dieselbe hinauszubringen?

Es hat vielmehr jedesmal nur von der gleichzeitigen Lage des Feindes abgehangen, die Früchte oder eigentlich den nutzlosen Ruhm eines solchen Sieges noch im nämlichen Feldzug zu vernichten und die Macht Österreichs für längere Zeit zu lähmen.

Dieser Fall ist in jedem Kriege eingetreten, und er hat immer die nämlichen Folgen gehabt ...

Nie wird ein Feldherr des Erfolges seiner Unternehmungen sicher sein, wenn er nicht mit Gewißheit auf alle dazu nötigen Mittel rechnen kann, und diese werden ihm bald mehr, bald weniger gewiß fehlen, sooft der Feldherr nur ein Werkzeug und nicht ein sehr geehrtes, mit vollem Vertrauen begabtes Mitglied der Staatsverwaltung ist und solange diese Wahrheit beseitigt bleibt, daß die Bedürfnisse des Krieges durch eine auf deren Sicherstellung genau berechnete Basis einer Friedenssystemisierung beruhen müssen, wenn die Selbständigkeit des Staates, das will sagen die freie Verwaltung seiner Güter, der freie Gebrauch seiner Fähigkeiten und seiner Kräfte verbürgt bleiben sollen.

(Aus den Mitteilungen des Kriegsarchivs, Wien 1884.)

2. Politisch-militärische Betrachtungen: Frankreich, Rußland, Serbien

1810—1811

Die große Pulsader der österreichischen Monarchie und die Basis nicht nur des militärischen, sondern selbst des politischen Systems ist die Donau; die Streitkräfte Österreichs müssen jederzeit an derselben versammelt und die hierauf abzweckenden Mittel vorbereitet werden; solange man nicht den ganzen Strom militärisch erfaßt habe, gebe man sich an einer oder an mehreren Seiten Blößen. Österreich habe nur e i n e gefährliche Macht neben sich: Frankreich. Rußlands Vergrößerungssucht, die ebenso unbegrenzt sei als die französische, bedrohe Österreich in Zukunft, sei aber für den Augenblick ungefährlich. Die Verbindung mit Frankreich reiche an und für sich aus, um Österreich in einen negativen Stand der Sicherheit zu setzen, sie sichere aber nicht den Frieden.

Wenn Napoleon die redliche Absicht habe, in eine enge und feste Allianz mit Österreich zu treten, könne und müsse man der Bundesgenosse Frankreichs werden und gegenseitig mit Aufrichtigkeit und Treue die gemeinschaftlichen Zwecke bearbeiten; es dürfe kein Zweck Frankreichs und kein Zweck Österreichs gedacht werden, der nicht ein gemeinschaftlicher sei. Die westliche Grenze werde in diesem Falle nicht bedroht und Österreich in die Lage gesetzt, seine Streitkräfte anderweitig gegen Süden oder gegen den Orient zu verwenden. Durch die Herstellung Polens würde Österreich nahe berührt werden, ein unmittelbarer Krieg zwischen Frankreich und Rußland die Folge sein, wobei Österreich schwer neutral bleiben könnte. Rußland verlöre die Frucht der Anstrengung eines ganzen Jahrhunderts, während die Herstellung Polens für Österreich nur nützlich sein könne. Die Karpathen bilden die natürliche Grenze Österreichs; was hinter ihnen in Galizien liege, könne ohne Schwächung der militärischen Grenze rückerstattet werden, und hierfür müßte Österreich eine anderweitige Entschädigung erhalten.

Als militärische Grenzen sind zu fordern: das Herzogtum Venedig und Mantua längs dem Oglio oder mindestens der Mincio, die Rückgabe des südlichen Tirol, Preußisch-Schlesien bis zum Golzbach, Serbien, Bosnien, die Moldau und Walachei.

*

Es sei außer allem Zweifel, daß in Serbien eine Partei, obgleich die kleinere, anfangs den Schutz Österreichs aufrichtig gesucht habe; die Tore von Belgrad waren geöffnet, die österreichischen Truppen wurden erwartet, und hierin war nicht im geringsten etwas verdächtig. Es sei natürlich, daß der klügere Teil der Serben die Vereinigung mit Österreich, jedoch mit Vorbehalt einer freien Konstitution gewünscht habe, denn sie bewohnen das nämliche Tal und seien gleichsam von der Natur in allem auf Österreich angewiesen. Die Besetzung von Belgrad wurde damals hintertrieben; Karageorg, von einem Teil seiner eigenen Partei verlassen, von Österreich ohne Unterstützung, habe sich wider Willen in russische Hände werfen und sich die langwierigen Vorbereitungen der russischen Partei gefallen lassen müssen, wenn er sich nicht persönlichen Gefahren aussetzen wollte. Der Verlust von Serbien oder dessen Abhängigkeit von Rußland werde erst lebhaft gefühlt werden, wenn derselbe unwiderruflich sein sollte, und dieser Verlust scheine ihm [Radetzky] in politischer und militärischer Hinsicht für Österreich wichtiger und folgenreicher als jener der Niederlande.[1]

(Aus A. Beer, Die orientalische Politik Österreichs seit 1774, S. 226 u. 254.)

3. Die von Rußland drohenden Gefahren

1828

Unsere Grenzen mit Rußland und Polen entbehren jeder sowohl natürlichen als künstlichen Verteidigung. Das flache Galizien kann überall vom Feinde überschwemmt werden, und jedem feindlichen Heer, das dort eindringt, läßt sich als einziges Abwehrmittel nur ein gleiches Heer entgegenstellen. Polen ist jetzt nur noch eine russische Provinz. Es wird die Vorhut des großen nordischen Kolosses bilden, der uns entlang der galizischen

---

[1] Russische Truppen hatten damals in Türkenkrieg aus den Donaufürstentümern kommend Belgrad, Schabatz und Semendria besetzt, die sie dann nach den Bestimmungen des Bukarester Friedens von 1812 wieder räumten.

Grenze bis nach Siebenbürgen hin umklammert und dem wir bei einem Krieg nicht nur Galizien opfern müssen, sondern dessen mehrseitigen Einfällen wir nicht zu begegnen imstande sind...[1]

Unstreitig ist diese letztgenannte Macht Österreichs gefährlichster Nachbar, und nichts ist so unwahrscheinlich als die Annahme, wir werden in beständigem Frieden mit Rußland bleiben.

Durch die große Quadrupelallianz, durch den Heiligen Bund, durch Heiraten mit auswärtigen, namentlich deutschen Fürstenhäusern hat sich Rußland einen dergestalt mächtigen und festen Einfluß in die europäischen Angelegenheiten erworben, daß in Zukunft wohl nur seine Beistimmung oder sein Widerspruch im Rat der Könige maßgebend bleiben werden. Wir dürfen nicht übersehen, wie das Petersburger Kabinett seit Peter dem Großen alle von diesem Zaren entworfenen Pläne, ohne je seinen Standpunkt zu ändern, unablässig befolgt; daß dieses Kabinett, wie solches besonders die Erfahrung der letzten Jahre gezeigt, an Schlauheit und fester Konsequenz allen übrigen vorangeht und seine wohldurchdachten und zweckmäßig angelegten Pläne zur vollständigen Geltung bringt. Es hat dem Königreich Polen eine weise Verfassung gegeben und dieses Land für sich gewonnen, ja Österreichisch- und Preußisch-Polen mit magischer Kraft an sich gelockt. In unserem eigenen Staat längs der Grenze von der Bukowina über Siebenbürgen, das Banat, Slawonien bis nach Kroatien besteht eine mächtige Partei für Rußland, und zwar die durch Religion und Sprache mit den Russen verwandten Griechen, Illyrier, Armenier, Rätzen und Walachen, und wenn Rußland ihre Sympathien nicht ganz besitzt, so kann es sich selbe doch zuwenden.

---

[1] Unser in Galizien noch übriggebliebener Teil ist so beschaffen, daß er gar keiner Verteidigung fähig ist. Man muß also die Defensivlinie hier so weit zurückziehen, bis sich Naturhindernisse finden, welche derlei Absichten erleichtern..

(Aus dem Jahre 1807, Denkschriften... S. 47 ff.)

Alle diese Umstände sind schon, jeder für sich allein betrachtet, der größten Beachtung wert, zusammengefaßt aber zwingen sie uns zu dem bedauerlichen Geständnis, daß Rußland jene Macht ist, von der unserem Staat große Gefahren drohen...

Die geographische Lage legt dem Zarenreich unerläßlich zwei eigentümliche Staatszwecke ans Herz. Seine Seeküsten, seine Häfen im Norden des Stillen Meeres sind ihm für den Handel unnütz. Schiffahrt und Handel können ihm durch zwei Meerengen zerstört werden. Daher muß es sich den Sund und Bosporus offen halten...

Österreich kann es sich zwar gefallen lassen, daß die Westufer des Bosporus einem Kaiser oder König von Griechenland, und das asiatische Gestade dem Sultan gehören, wodurch vorderhand das erste und wesentlichste Staatsbedürfnis für Rußland befriedigt wäre. Österreich könnte sogar noch darein willigen, daß Rußland am Westufer der thrazischen Meerenge eine isolierte Festung besäße, welche aber, gleich Gibraltar, mit keinem Territorium dotiert werden dürfte. Allein Österreich kann nie zugeben, daß Rußland sich Griechenland ganz oder auch nur zum Teil einverleibe, denn sonst würde Österreich ganz so wie es jetzt bei Preußen der Fall ist, von den Russen gänzlich umschlossen und beschränkt werden.

Österreich hat die Donau-Ufer bis zur Mündung des Stromes ins Schwarze Meer ebenso nötig, als Rußland die freie Durchfahrt durch den Sund und die Dardanellen. Österreich braucht ferner zur Beschützung dieser Ufer die Walachei und Bulgarien, und endlich auch zur völligen Benützung der Donau ebenfalls die freie Schiffahrt durch die Dardanellen.

Dadurch ergibt sich aber ein natürlicher Konflikt zwischen den österreichischen und russischen Interessen, welcher, insolang sich Österreich und Rußland über ihre Absichten auf die Türkei nicht einigen, unvermeidlich häufige Kriege zur Folge haben muß.

Wenn ein Krieg zwischen Österreich und Rußland ausbricht, so kann und wird die erstgenannte Macht durch Rußland von Podolien, Wolhynien und Polen aus, somit in Galizien angegriffen. Nur durch Galizien können die Russen nach Schlesien und Mähren gelangen, falls sie nicht mit Preußen verbündet sind. Nur durch Galizien können sie, indem sie die Karpathen übersteigen, nach Ungarn vordringen. Die Karpathen sind eine zehn Meilen lange Strecke zwischen der Arvamündung, der Waag und dem Poprad, vom Triplex confinium Mährens, Schlesiens und Ungarns bis an die Bukowina ein bloßes Mittelgebirge. Es kann den Russen, wenn sie einmal bis dahin vorgedrungen sind, das Überschreiten der Karpathen nicht leicht gewehrt werden. Hier würden zwar die in der Gegend von Nolcso, Eperies und Czáp angetragenen Festungen, in Verbindung mit einigen kleinen Befestigungen und verschanzten Stellungen, den Feind so lange aufzuhalten vermögen, bis die zur Verteidigung Ungarns bestimmten Truppen durch Verstärkungen instand gesetzt würden, offensive vorzugehen. Allein da gegenwärtig keine dieser Festungen besteht ... so läßt sich nicht in Abrede stellen, daß Ungarn bei seinen vollkommen offenen Grenzen allen Verheerungen, Plünderungen, Brandschatzungen, Räubereien und Gewalttaten eines Volkes ausgesetzt ist, von dessen geringer Bildung sowie von seiner Art, den Krieg zu führen, Verwüstungen, ähnlich dem Brand von Moskau, mit allem Recht zu erwarten stehen.

Wenn der schlimme Fall eines Krieges mit Rußland eintreten sollte, so wird dieses wahrscheinlich die Erfahrungen der letzten Feldzüge benützen und den Krieg mit Unterwerfung der Hauptstadt zu beenden versuchen. Seine Hauptoperationslinien werden somit nach Wien oder Ofen gehen. Wählt Rußland die erstere, so kann seine Hauptmacht von Mislenicze über Teschen, Hradisch und Göding, oder aber auf den westlichsten der über die Karpathen führenden Straßen vorgehen. Nimmt es den

Weg über Teschen, so muß es entweder die bei Olmütz gelagerte Armee schlagen oder, wäre noch keine dort aufgestellt, ein bedeutendes Blockadekorps gegen Olmütz und ein anderes gegen Brünn entsenden, sich somit schwächen. Dadurch wird es unserer, mittlerweile bei Leopoldstadt versammelten ungarischen Armee leicht, über Skalitz dem Feind in den Rücken zu fallen und ihn auf diese Art zum raschen Umkehren zu zwingen. Will er sich diesem Unfall nicht aussetzen, so muß er gleichzeitig mit seiner Offensivbewegung über Teschen ein Korps zur Kotopierung seines Marsches auf der von Sillein über Trentschin nach Leopoldstadt führenden Straße vorgehen lassen und seinen Marsch nach dem schnelleren oder langsameren Vordringen dieses Korps regeln, widrigens die bei Leopoldstadt gelagerte Armee gleichfalls bloß ein Korps gegen das feindliche absenden, mit ihrer Hauptmacht über Hollitsch abermals in den Rücken der russischen Armee vorgehen und dieselbe Wirkung, wie oben, hervorbringen kann. Die Detachierung des von Sillein im Waagtal vorgehenden feindlichen Korps schwächt abermals dessen Hauptarmee. Sein langsames Vorrücken, welches noch durch Terrainhindernisse und eine Befestigung oder Haltbarmachung von Trentschin erschwert werden kann, wodurch auch die feindliche Hauptarmee von raschen Bewegungen abgehalten wird, gibt unsern Truppen in Böhmen und Mähren die Zeit, sich zu sammeln. Im Fall diese stark genug sind, können selbe in die rechte Flanke des Feindes operieren; ist dies nicht der Fall, so vermögen sie wenigstens noch zu rechter Zeit die am linken Donau-Ufer bei Wien aufgestellte österreichische Armee zu verstärken. Und dann wird auf dem Marchfeld abermals die Entscheidungsschlacht stattfinden.

Die oben angeführten Bewegungen der von Ungarn aus im Rücken des Feindes vorgehenden österreichischen Armee versprechen aber nur dann einen sicheren Erfolg, wenn ihr eigener Rücken gesichert ist, widrigens selbe im Falle des Mißlingens ihrer Operation eine vollständige Niederlage zu befürchten hätte. Diese Sicherheit in beiden Beziehungen kann sie aber nur erhalten, wenn ihr der Waagübergang frei bleibt, wozu sich der Punkt Leopoldstadt trefflich eignet.

(Aus den Denkschriften militär-politischen Inhalts, S. 423 ff.)

4. Stehende Heere und Volksheere

1828

Das System der stehenden Heere paßt für gewisse Zeiten und gewisse Verhältnisse, jedoch nicht für alle und überall. Man mag damit auslangen, solange es in allen Staaten Sitte bleibt, nur mit stehenden Heeren Krieg zu führen, solange nicht bloß das Verhältnis der Volksmassen, sondern auch jenes der Staatseinkünfte berücksichtigt wird. Es wird und muß von selbst fallen, sobald diese Bedingungen aufhören.

Die stehenden Heere haben in dem neueren Europa den Glanz der Landwehren gänzlich verdunkelt. Dadurch sind in neuester Zeit alle Erfahrungen, die uns bei Beurteilung des Wertes der Landwehren leiten konnten, verloren gegangen. Und doch beruht die zuverlässigste Stärke eines Staates auf zweckmäßig gebildeten Landwehren. Diese Einrichtung ist die natürlichste und deshalb auch die beste. Sie liefert dem Staat im Verhältnis seiner Bevölkerung die größte Anzahl Streiter; sie erhält im Volk das Bewußtsein lebendig, daß es sich selbst verteidigt, ebendadurch also auch einen kriegerischen Geist, der nicht leicht ausarten wird, weil diejenigen, welche er belebt, niemals aufhören, Bürger zu sein. Ein solcher Geist auf einer solchen Höhe aber macht ein Volk unüberwindlich. Man wird es nicht unterjochen, viel weniger ausrotten können...

(Aus den Denkschriften... ebendort.)

Radetzkys Berufung nach Italien
1831

Eines Tages wurde Radetzky, damals Festungskommandant in Olmütz, nach Wien berufen.

Dort angelangt, befahl der Kaiser, daß Radetzky nach Italien sich augenblicklich begebe, um an der Seite Frimonts zu fungieren, mit dem Beisatz, sich sogleich zu dem Fürsten Metternich zu begeben und den folgenden Tag um siebeneinhalb Uhr im Kabinett Seiner Majestät zu erscheinen.

Radetzky befolgte pünktlich den A. h. Befehl und wurde beim Eintreffen den folgenden Morgen gleich vorgelassen und mit der Frage angesprochen: „Waren Sie beim Fürsten?" Antwort: „Ja!" Der Kaiser: „So wissen Sie alles?" Antwort: „Bitte um Vergebung, der Fürst sprach drei Stunden, aber ich weiß nichts." Der Kaiser lächelte, befahl, mit ihm auf und ab zu gehen, und in kurzem wurde mir die politische Lage Österreichs klar, so daß Radetzky sich die Freiheit nahm zu fragen: „Warum haben Eure Majestät nicht im Jahre ehevor den Krieg gewählt?" Seine Majestät antwortete: „Ich hatte ehevor ein Lager bei Münchendorf, wo sich meine Truppen so schlecht und unbeweglich zeigten, daß die Preußen laut ihr Mißfallen aussprachen und daher sogleich mit England Louis Philipp als König von Frankreich anerkannten; isoliert konnte ich den Krieg nicht unternehmen, deshalb trage ich Ihnen auf, die Armee in Italien aufzuwecken und solche mir für den Krieg vorzubereiten." Dieses war hinlänglich, um Radetzky zum Handeln zu begeistern.

(Aus den wahrscheinlich 1853 von Radetzky, meist in der unpersönlichen Form niedergeschriebenen Aufzeichnungen. Österr. Rundschau, 14. Bd.)

Das Jahr 1848. Briefe und Berichte

An Radetzkys Tochter, Gräfin Wenckheim

Mailand, den 12. November 1847.

Geliebte Fritzi! ... unsere moralische Revolution geht raschen Ganges — ich glaube nicht, daß der scharfsinnigste Blick durch die Verwirrung, in der wir uns befinden, die Zukunft entziffern könne. Indessen wir Soldaten werden nicht nur allein für unseren Monarchen als auch für Deutschland die allgemeinen Interessen zu verteidigen nie vergessen! Meine Lage ist dabei um so weniger beneidenswert, als unsere Finanzen kein Geld für die Armee haben, die alles leisten soll bei ihrer Friedensgebühr! ... Die Schweizer Wirren sind in Tätigkeit übergegangen und dürften auch unsere Teilnahme in der Folge nach sich ziehen. — Kurz, es spukt an allen Ecken und Enden ...

Den 18. Jänner 1848.

Geliebte Fritzi! ... Unsere Lage ist höchst unangenehm. Unser schläfriger Vizekönig[1] tut nichts, so wenig als Spaur, somit demonstriert das geheime Komitee neben der Regierung, es hat die Masse des Pöbels in seiner Gewalt, die Beamten, eingeschüchtert, ziehen nicht für die Regierung. Wie das enden soll, habe ich keinen Begriff; selbst in den übrigen Städten geht es so weit, daß man im Theater nach dem ersten Aufzug von oben schreien hört: wer ein guter Italiener ist, verläßt das Theater; alle Logen und Parterre wurden geleert, und die Behörden lassen es geschehen, somit leben wir ärger als in einer feindlichen besetzten Stadt! ...

(Aus B. Duhr, Briefe Radetzkys an seine Tochter Friederike, 1847—1857, S. 62 u. 69.)

---

[1] Vizekönig war Erzherzog Rainer, Onkel Kaiser Ferdinands; Graf Spaur war Statthalter der Lombardei.

An den Hofkriegsratspräsidenten G. d. K. Grafen Ficquelmont

Mailand, 21. März morgens 10 Uhr.[1]

Es war keine Möglichkeit, meine Depesche abzusenden, da jede Kommunikation nach außen derart abgeschnitten ist, daß nur mit größeren Abteilungen eine Nachricht zu mir gelangt oder von mir abgehen kann.

Gestern ist mit großer Wut der Kampf fortgeführt, es müssen von beiden Seiten viele Opfer gefallen sein, meinen Verlust kann ich noch immer nicht angeben, da mir darüber noch alle Angaben fehlen. Die Stadt Mailand ist in ihren Grundfesten aufgewühlt, und es wird schwer sein, sich einen Begriff davon zu machen. Nicht Hunderte, sondern Tausende von Barrikaden sperren die Straßen, und die Partei entwickelt in der Durchführung ihrer Maßregeln eine Umsicht und eine Kühnheit, die klar an den Tag legt, daß dem Auslande entlehnte militärische Lenker an der Spitze stehen. Der Charakter dieses Volkes scheint wie mit einem Zauberschlage umgewandelt, der Fanatismus hat jedes Alter, jeden Rang und jedes Geschlecht ergriffen. Ich hatte gestern in der Frühe alle Truppen aus dem Innern der Stadt in das Kastell gezogen, nur die Kasernen, mit denen eine Verbindung zu erhalten möglich ist, bleiben besetzt. Ebenso sind alle Tore in meiner Gewalt, und die Generäle Wohlgemuth und Clam haben nach wie vor ihre Stellung beibehalten, wodurch die Kommunikation zu den Toren offen bleibt. Es war nicht möglich, die inneren Posten länger zu halten, ihre Verproviantierung, ihre Ablösung ist stets mit Kampf und Verlust verbunden. Einzelheiten des Kampfes fehlen mir zum Teil, anderenteils würde es mich zu weit führen, sie zu erzählen. Eines

---

[1] Dieser Bericht ist vom vierten Tag der Mailänder Revolution, die am 18. d. M. ausgebrochen war.

aber muß ich anführen, dazu drängen mich alle meine Gefühle, das ist, meine Truppen sind wahrhaft bewundernswert, sie leisten über die Möglichkeit und bleiben guten Mutes, obgleich sie nun seit vier Tagen unter dem furchtbarsten Wetter noch keine Ruhe genossen. Es könnte mir das Herz brechen, daß solcher Mut nicht gegen einen offenen ehrlichen Feind verwendet werden kann...

Brot habe ich noch auf einige Tage, obgleich die Bäckerei unter beständigem Kampfe behauptet werden muß. Aus der Stadt ist nichts mehr zu erhalten, alle gegen das Kastell einmündenden Straßen sind barrikadiert, die ich zwar von Zeit zu Zeit zerstören lasse, die aber immer wieder erbaut werden. Fleisch und Salz verschaffe ich mir durch Requisitionskommanden, aber auch diese Resourcen sind bereits erschöpft. Zu dem außer der Stadt an der Zirkumvallation gelegenen Fouragemagazin muß sich jedesmal der Zugang erkämpft werden. Obgleich Sieger auf allen Punkten, befinde ich mich in der traurigen Lage, dem Hunger weichen zu müssen.

Am 22. März 1848.

Es ist der fürchterlichste Entschluß meines Lebens, aber ich kann Mailand länger nicht mehr halten. Das ganze Land ist in Empörung. Ich bin in meinem Rücken durch Piemont bedroht. Man kann alle Brücken in meinem Rücken abbrechen, ich habe keine Balken, um sie wiederherzustellen, ebensowenig Transportmittel. Ich weiß nichts von dem, was hinter mir vorgeht. — Ich werde meinen Rückzug über Lodi nehmen, um die großen Städte zu vermeiden, und weil das Land, das diese Straße durchzieht, offen ist. Mein Rückzug über die Stadtwälle wird schwierig sein, denn mein Troß ist sehr groß, denn viele Zivil= und Militärbeamte, die sich unter meinen Schutz geflüchtet haben, kann ich der Wut eines fanatischen Pöbels nicht überlassen...

Melegnano, 23. März 1848.

Mein Rückzug ist vollkommen geglückt. Er ist eines jener traurigen Meisterstücke der Kriegskunst.

Alle meine Truppen waren auf dem Waffenplatze, sobald es dunkel ward, in gedrängten Kolonnen aufgestellt. Das Kastell blieb besetzt, die Flanken waren durch zahlreiche Tirailleurs gedeckt. Trotz des großen Trains ging der Marsch durch das lange Defilee der Wälle rasch und fließend vonstatten. Bei Porta Comasina besonders suchte man ihn zu hindern, allein unsere Truppen überwanden jeden Widerstand; der dabei erlittene Verlust war im Verhältnis zu der schwierigen Aufgabe gering. Nach Mitternacht räumte unsere Arrieregarde ihre Stellung auf den Wällen, in welcher sie meinen Rückzug protegiert hatte. Auf der Straße nach Lodi hatte man hier und da Verhaue angelegt und Abgrabungen der Straße gemacht, die Avantgarde hatte dem Gros den Weg gebahnt. Vor Melegnano angekommen, hatte der Ort die Frechheit, von mir die Niederlegung der Waffen zu verlangen. Der diesfalls mit den Ortsbehörden parlamentierende Oberst Graf Wratislaw ward festgenommen und mit dem Tode bedroht, man sperrte ihn in das Kastell ein. Hiervon benachrichtigt, ließ ich mehrere Batterien auffahren, in kurzem stand der Ort im Brande, jetzt ließ ich ihn mit Sturm nehmen. Die Zerstörung der Brücke war, da sie aus massiven Quadern besteht, nicht gelungen, dagegen hatte man sie auf eine außerordentliche Art verbarrikadiert. Der Schrecken, den das Schicksal Melegnanos vor mir her verbreitete, hatte die heilsamsten Folgen, man setzte mir keinen Widerstand mehr entgegen.

Montechiari, 30. März 1848.

... Ich werde mich genötigt sehen, die Gnade Seiner Majestät für mehrere Herren Generäle, Offiziere und Soldaten in Anspruch zu nehmen. Es gibt lange Kriege, die nicht so viele Beweise von Selbstaufopferung und Tapferkeit aufzuweisen haben wie dieser Kampf.

Ein Trost bleibt mir: Wien, nicht Mailand, hat mich besiegt. Ich war Sieger bis zum letzten Augenblicke auf allen Punkten; hätte ich noch einige Tage Lebensmittel gehabt, um ausharren zu können, so wäre Mailand in meiner Hand gewesen, und mit ihm wäre die ganze Revolution zerfallen...

(Diese amtlichen Berichte aus Helfert, Radetzky in den Tagen seiner ärgsten Bedrängnis.)

An Gräfin Wenckheim

Verona, am 3. April 1848.

Dank vielmals für Dein Schreiben vom 21. v. M., geliebte Fritzi. — Wir sind am 18. mittags überfallen worden, ich war in der Kanzlei und mußte, begleitet von allen, zu Fuß ins Kastell flüchten. Von dort mußten wir fünf Tage und Nächte kämpfend uns erhalten; als am 6. wir nichts zu leben und keine Munition mehr hatten, entschloß ich mich, kämpfend die Stadt zu verlassen, wir rückten mit aller Entschlossenheit und unerachtet ohne alle Verbindung in unserm Rücken und Flanken hieher, wo wir uns am Mincio aufstellen; das übelste ist, daß Venedig und die Provinz auch verräterisch abgefallen, ich besetze die festen Punkte und halte. — — Wie lange und wohin, weiß ich nicht. Ohne Geld, ohne Mittel, ohne Hilfe von Wien weiß ich nicht, wie das enden soll und kann. Wir alle haben alles verloren, nur mein Reisewagen und Pferde sind gerettet. Meine Augen haben sehr gelitten, doch bin ich gesund.

Auf die Hilfe Gottes allein vertrauend, hoffe ich, die Armee, die voll guten Geist und Willen ist, zu erhalten, um dann nach Umständen wieder das Venezianische zu Paaren zu treiben, und dann — Gott weiß, an Mut und gutem Willen fehlt es nicht. Nur Lebensmittel und Geld sind die größte beunruhigende

Seite; ich bedauere innigst den allgemeinen Wirrwarr und somit auch Dich und Karl und die armen Kinder, die ich innigst küsse. Dein Vater.

Verona, am 17. April 1848.

Meine geliebte Fritzi! Ich schreibe Dir noch von hier, wo ich mich festsetzend halte, bis Nugent,[1] von Görz kommend, näher an mich rückt.

Der Piemonteser König steht am Mincio, ließ Peschiera beschießen und auffordern, wagt es noch nicht, sich in der Ebene zu zeigen, um sich mit uns zu messen, welches wir wünschen und suchen. Kurz, der Geist der Truppen ist brillant, und wir zittern nach dem Augenblick, einen entscheidenden Schlag durchzuführen. Auch erwarten wir vom Po her die Toskaner und weiteres Gesindel. Das Landvolk ist noch in steter Aufregung gegen uns, doch verzweifle ich nicht, daß wir das Venezianische wieder unterwerfen. Wie es Dir und den Deinigen gehe? ist meine besorgende Frage — Gott erhalte Euch. Küsse Karl und die Kinder von ganzer Seele. Dein Dich liebender Vater.

Verona, am 27. April 1848.

Ich schreibe Dir, geliebte Fritzi, noch von hier, da ich zu schwach bin, um Karl Albert eine Lektion über seinen Treubruch zu geben. Mit Gottes Hilfe hoffe ich es doch noch zu erzielen! Ich habe durch Abfall 10 860 Mann und 13 000 Mann durch Trennung von der Armee verloren, außerdem zähle ich 306 Tote und 700 Blessierte, 6 tote, 18 blessierte Offiziere, 360 Offiziere von der Armee getrennt, 2 erwiesen desertierte Offiziere.

Erzherzog Albrecht, Wilhelm, Leopold, Ernst, Sigmund sind bereits hier, und morgen kommt der Kronprinz. Nugent soll Friaul zur Unterwerfung gebracht haben, die Tiroler sind unter

---

[1] Feldzeugmeister Graf Nugent, kommandierender General in Innerösterreich, sammelte am Isonzo eine Armee.

den Waffen und verbinden sich mit mir. Die Toskaner, Römer, Modeneser und Parmesaner sind über den Po gegen Mantua, die Piemonteser stark verschanzt am Mincio; gestern hat eine Patrouille ... dem jungen Herzog von Lucca zwei Säbelhiebe am Kopf beigebracht — schade, daß er nicht zusammengehaut wurde. Das in Eile. Mészáros hat die Einladung zum Kriegsminister erhalten.[1] Er spreizt sich, wird aber folgen. Küsse Karl und die Kinder. Gott gebe Euch Glück und Segen.

Dein Vater.

Deine Briefe sind der einzige Trost und Freude, schreibe mir daher bald und oft.

Verona, am 7. Mai 1848.

Gestern ward ich mit großer Übermacht angegriffen, geliebte Fritzi. Der Himmel gewährte mir einen vollkommenen Sieg,[2] nur schade, daß ich zu wenig Truppen hatte, um den Sieg verfolgen zu können. Nugent ist noch nicht mit mir vereinigt, somit muß ich hier kuschen und sein Eintreffen abwarten, dies meine Lage zu Deiner Beruhigung.

Wir haben General Salis schwer verwundet, Oberst Pottornay verlor die rechte Hand, 1 Stabsoffizier und 8 Offiziere tot, 300 Blessierte, noch heute mußte ich neun Wagen zur Abholung blessierter Piemonteser absenden, das Schlachtfeld ist mit Toten besäet, die Truppen vom besten Geist beseelt...

Mailand, am 7. August 1848.

Du siehst, geliebte Fritzi, daß ich durch die Hilfe Gottes den 14. Tag meiner offensiven Bewegung hier glücklich eingetroffen und mein Hauptquartier in der Villa aufgeschlagen, den König Albert in vier hartnäckigen Gefechten und zuletzt noch vor den

---

[1] Oberst Lazár Mészáros der 5er, heute Radetzky-Husaren, wurde im März 1848 als Kriegsminister in das ungarische Ministerium berufen. —
[2] Schlacht bei Santa Lucia.

Toren Mailands geschlagen, somit die Lombardei erobert habe. Der König hat sich schändlich und völkerwiderrechtlich benommen, gestohlen, geraubt, ja selbst einen Teil in Brand gesteckt; ich sorge für die Population, die uns mit offenen Armen empfangen; die Rädelsführer sind alle davon, ich lasse ihre Güter sequestrieren für uns! Meine Sachen, sowie die Effekten der übrigen sind um ein Spottgeld verkauft, ich trachte womöglich das Meinige rückzukaufen. .... Ich halte Jella`ič für einen braven, dem Kaiser ergebenen Mann, den Palatin [Erzherzog Stephan] für einen schwachen, kraftlosen, in sich selbst verliebten Mann, dahero ein Spielball von Kossuth. Möchte doch Karl schon zurück sein, denn ich glaube, die Komödie mit Kroatien dürfte am Ende sein.

Wie bedauere ich Dich und die Deinen, vorzüglich den kleinen Fritz! Ich würde mich gerne zurückziehen, da es mir wahrlich schon sehr schwer fällt, die Fatigen auszuhalten; ich sehe aber, daß ich die Maschine, die noch nicht konsolidiert, noch nicht aus meiner Hand lassen kann, somit auf Gott vertrauend, duldend, das Ruder festhalten muß. Gott erhalte Dich und die Deinen.
Dein Vater.

Hauptquartier Mailand, am 23. Jänner 1849.
Geliebte Fritzi! ... Über unserer Lage schwebt noch im allgemeinen ein großer Nebel, und wird es noch manchen harten Schlages bedürfen, um Ruhe und Ordnung für die Zukunft zu erhalten — so betrachte ich wenigstens das Ganze. Auch bei uns wird, solange nicht Friede wird, Vertrauen, Ruhe und Ordnung [nicht] eintreffen — moralisch führt Piemont den Krieg im stillen fort, während wir in aller Loyalität, doch fest auf unsere Bajonette vertrauend, ruhig der Zukunft entgegensehen; eine dumpfe, erwartungsvolle, der Zukunft mißtrauische Stimmung ist die herrschende Volksstimmung in den Städten und bei den Honoratioren im Land; der Adel kehrt zurück, weil ich sonst ihre

Güter sequestrieren lasse, lebt aber auf dem Land, in der Stadt lebt derselbe sehr zurückgezogen, besucht keine Theater, keine Promenaden, wir sind stets auf alles vorbereitet und vom besten Geiste belebt.

Ich bewohne die Villa Reale mit meinem Stab. Heß ließ seine Frau kommen, damit sie sich erhole und heile, ist aber stündlich bereit zur Abfuhr nach Verona in die Festung...

(Aus Duhrs Sammlung.)

Der Feldzug von Novara, 1849

Am 12. März 1849 überbrachte der piemontesische Major Cadorna die Kündigung des Waffenstillstandes im Auftrag seines Königs in Radetzkys Hauptquartier in der Villa Reale in Mailand. Am gleichen Tage noch erließ der Feldmarschall den folgenden

Armeebefehl:

Soldaten! Eure heißesten Wünsche sind erfüllt. Der Feind hat den Waffenstillstand aufgekündigt. Noch einmal streckt er seine Hand nach der Krone Italiens aus, daher soll er erfahren, daß sechs Monate nichts an Eurer Treue, an Eurer Tapferkeit, an Eurer Liebe für Euren Kaiser und König geändert haben.

Als Ihr aus den Toren Veronas auszoget und, von Sieg zu Sieg eilend, den Feind in seine Grenzen zurücktriebet, gewähret Ihr großmütig einen Waffenstillstand, denn er wollte den Frieden unterhandeln, so sagte er; doch statt dessen hat er sich zu neuem Krieg gerüstet. Wohlan denn, auch wir sind gerüstet; den Frieden, den wir ihm großmütig geboten, wollen wir in seiner Hauptstadt erzwingen.

Soldaten! Der Kampf wird kurz sein; es ist derselbe Feind, den Ihr bei Santa Lucia, bei Somma campagna, bei Custoza, bei Volta und vor den Toren Mailands besiegt habt. Gott ist mit uns, denn unsere Sache ist die gerechteste. Auf, auf, Soldaten! Noch einmal folgt Eurem greisen Führer zum Kampf und Siege. Ich werde Zeuge Eurer tapferen Taten, und es wird der letzte Akt meines frohen Soldatenlebens sein, wenn ich in der Hauptstadt eines treulosen Feindes die Brust meiner wackeren Gefährten mit dem blutig und ruhmvoll errungenen Zeichen ihrer Tapferkeit werde schmücken können. Vorwärts also, Sol=

daten, nach Turin lautet die Losung, dort finden wir den Frieden, um den wir kämpfen. Es lebe der Kaiser, es lebe das Vaterland!

Bericht über den Sieg von Novara

Hauptquartier Novara, den 24. März, 11½ Uhr nachts.

Ich hatte die Ehre, einem Hohen k. k. Kriegsministerium meine letzte Meldung zu übersenden, welche Hochdasselbe mit dem Vorrücken unserer Armee bis Mortara und dem glänzenden Gefechte daselbst, welches zur Einnahme dieses Ortes führte, bekannt machte.

Ich habe heute dagegen einen viel wichtigeren und entscheidenderen Sieg zu verkünden. Die feindliche Armee, schon durch die Wegnahme von Mortara von ihrer eigentlichen Rückzugslinie abgeschnitten, entschloß sich, in der Stärke von 50000 Mann in der Stellung von Olengo vor Novara ihr Glück zu versuchen. Das die Avantgarde bildende zweite Korps, unter dem Befehl des tapferen FZM. Baron d'Aspre, marschierte gestern von Vespolate auf Olengo vor und stieß daselbst auf den auf den dortigen Höhen aufmarschierten Feind. Die unerwartete Stärke desselben machte das Gefecht einige Stunden zweifelhaft, da das zweite Korps nicht sogleich von den hinter ihm marschierenden unterstützt werden konnte. Ebenso hatte ich in die rechte Flanke des Feindes das vierte und hinter diesem das erste Armeekorps disponiert, um jenseits der Agogna denselben noch gänzlich zu umgehen.

Se. Kaiserliche Hoheit der Erzherzog Albrecht, welcher die Avantgardedivision kommandierte, hielt daher mit Heldenmut durch einige Stunden die Angriffe des Feindes von der Front aus auf, bis FZM. Baron d'Aspre im Verein mit dem Kommandanten des dritten Korps, FML. Appel, dieses letztere Korps mit ebensoviel Entschlossenheit als Klugheit auf die beiden Flügel der Division Erzherzog Albrecht disponierte, ich selbst aber das Reservekorps hinter das Zentrum dieser Division beorderte. Bei dem unübertrefflichen Mute und der mit nichts zu vergleichenden Tapferkeit und Entschlossenheit meiner braven Truppen gelang es auch, unsere Fronte siegreich zu behaupten, bis das vierte Korps durch die umsichtige Leitung seines Kommandanten, FML. Grafen Thurn, jenseits der Agogna in die rechte Flanke des Feindes dergestalt kräftigst wirkte, daß bei dieser entscheidenden Bewegung der Feind gegen Abend auf allen Punkten sich in großer, fluchtartiger Verwirrung zurückzog und in nördlicher Richtung einen ihm ganz aufgedrungenen Rückzug in das Gebirge zu nehmen genötigt war.

Ich kann bei diesen Kämpfen nur mit gerührtem Herzen die Ergebenheit für Sr. Majestät Dienst und die an die höchste Begeisterung grenzende Tapferkeit meiner würdigen Generale, der braven Offiziere und der Mannschaft meines tapferen Heeres erwähnen. Jeder einzelne war ein Held. Um gerecht zu sein, müßte ich eigentlich alle nennen, denn der tapfere Einklang von oben herab war der gerechten Sache, die wir für unseren Kaiser verfochten, im höchsten Grade würdig. Ich wünsche Sr. Majestät Glück zu einem solchen Heere. — Viribus unitis war der Wahlspruch dieser Schlacht.

Die Verdienste des FZM. Baron d'Aspre, des FML. Baron Appel, des FML. Grafen Thurn, deren Korps in der ersten Linie der Schlacht fochten, verdienen die höchste Anerkennung. FZM. Baron d'Aspre besonders hat seinen früheren Lorbeeren nun auch diese neuen hinzugefügt. Gleich nach ihm kommt das Verdienst Sr. Kaiserl. Hoheit des Erzherzogs Albrecht, dieses erlauchten Herrn, der, um seine Leistungen vor dem Feinde erst zu prüfen, sich freiwillig bei Sr. Majestät das Kommando einer Division erbeten hatte, obwohl Höchstderselbe schon früher Kommandierender gewesen. Derselbe bewies an diesem heißen Tage eine bewunderungswürdige Standhaftigkeit und wich nicht einen Schritt aus seiner sehr gefährlichen Stellung zurück. Nur Gerechtigkeit wäre es, diesen Prinzen des Hauses mit dem Theresienorden zu schmücken.

Ebenso haben der Herr FML. Graf Schaffgotsche des zweiten Korps, der FML. Culoz des vierten, Lichnowsky des dritten, ferners die GM. Graf Degenfeld, welcher ein Pferd unter dem Leibe verlor, Fürst Friedrich Liechtenstein, Graf Stadion, welcher verwundet wurde, Graf Kolowrat, Maurer, Alemann, der ebenfalls verwundet worden, dann der Oberst Qua-Brigadier Baron Bianchi von Kinsky, Oberst Graf Degenfeld von Erzherzog Leopold, der tapfere Oberst Benedek von Gyulai, Graf Kielmannsegge von Paumgarten, schwer verwundet, Weiler von Erzherzog Franz Karl-Infanterie und Weiß vom 9. Jägerbataillon — ohne der übrigen ausgezeichneten Stabs- und Oberoffiziere zu gedenken, welche ich in den nächsten Tagen nachtragen werde — sich besonders hervorgetan.

An Trophäen haben wir 12 Kanonen, 1 Fahne, 2000 bis 3000 Gefangene; der Verlust des Feindes beträgt, soviel mir bekannt, 2 Generale tot, 16 tote und verwundete Stabsoffiziere, 3000 bis 4000 Mann.

Unser Verlust an diesem entscheidenden Tage war leider sehr bedeutend, die Regimenter und Bataillons der ersten Schlachtlinie haben jedes 10 bis 20 Stabs- und Oberoffiziere teils tot, teils blessiert verloren, und der Verlust an Mannschaft beläuft sich an Toten und Blessierten zwischen 2000 bis 3000 Mann. Allein niemand war zu halten, man wollte nicht nur allein nicht der Letzte, man wollte überall der Erste sein.

Die Schlacht dauerte von früh zehn Uhr bis tief in die Nacht. Als ich nun nach vollendeter Schlacht mich in mein Quartier zurückverfügte und den General-Quartiermeister der Armee, FML. von Heß, noch zu den Dispositionen der Verfolgung des Feindes auf dem Schlachtfelde zurückließ, wurde demselben plötzlich der piemontesische General Cossato als Parlamentär angesagt, welcher mit ihm zu sprechen wünschte und mir durch selben von Seite des Königs von Sardinien der Wunsch ausgedrückt, einen Waffenstillstand zu schließen, mit dem Ersuchen, so lange die Feindseligkeiten einzustellen, bis er die Kammern von Turin davon in Kenntnis gesetzt habe.

Dieser Antrag wurde bei meiner Abwesenheit durch FML. von Heß augenblicklich verworfen und ihm mit dem Bedeuten, daß die Feindseligkeiten Tag und Nacht fortgesetzt würden, wie früher, in der Hauptsache Waffenstillstandsbedingungen als die einzig annehmbaren angeboten, welche bis zum Abschlusse des Friedens die militärische Besetzung der Landstrecke zwischen dem Tessin und der Sesia, sowie jene der Stadt Alessandria vollständig und der Festung gleichen Namens mit geteilter Besatzung, endlich den Abzug der sardinischen Flotte aus dem Adriatischen Meere und die schnellsten Friedensunterhandlungen durch eigens zu bestimmende Gesandte ad hoc zwischen Österreich und Sardinien festsetzen.

Am heutigen Morgen erfuhr ich durch den genannten piemontesischen Generalen, daß Karl Albert abdiziert und nach der Schlacht die Krone an seinen ältesten Sohn, den Herzog von Savoyen, übertragen habe.

Ich werde am morgigen Tage die detaillierten Punkte dieser Konvention, deren noch einige bestimmter festgesetzt werden, einem Hohen Kriegsministerium ehrfurchtsvoll einsenden, da die Erschöpfung und Ermüdung der Einzelnen aus meiner Umgebung keinen ausführlichen Bericht hierüber gestatteten.

(Nach Veltzé, Mortara-Novara, Österr. Rundsch. Bd. 18.)

Der Sieger von Novara an seine Gattin

Mailand den 1. aprile 1849.

Liebe Fanny!

Der Himmel hat meine Wünsche erhört. In 5 Tagen 1 Schlacht u 1 hartes Gefecht siegend überstanden, den alten treulosen

König ab u den jungen eingesetzt, der zu mir auf die Vorposten kam, um die Unterhandlung zum Frieden einzugehen. Gott sey es gedankt, die Haupt Sache ist überstanden. Nun bin ich mit allerley Unterhandlungen noch stark in Anspruch genommen, aber Gottlob gesund. Gott erhalte Dich, daß der Wunsch
Deines Gatten.

Wien am 24 September 1849.

Liebe Fanny!
In einem Triumpzug bin ich hier angelangt, wo ich durch die Gnade des Kaisers in der Burg wohne und kaiserliche Ehren genüsse. Arbeiten u Secaturen mit Bettlern vermengt machen mich krank u stumpf für alles. ich trachte meine Rückreise bald anzutreten, weiß jedoch nicht Wie wann was? Auf jeden Fall avisire ich dich in zeiten. Dein Gatte.

(Bei Hinnenburg, Briefe Radetzkys an seine Gattin, Österr. Rundschau, Bd. 18, in der ursprünglichen Schreibweise mitgeteilt. Radetzkys Gattin war eine geborne Gräfin Strassoldo-Graffenberg.)

Zwei Briefe Radetzkys aus seinen letzten Lebensjahren an seine Tochter, Gräfin Wenckheim

Verona, am 12. Hornung 1853.

Geliebte Fritzi! Den 7. war Ball, sehr zahlreich und animiert, die Mutter mit Kreuzschmerzen im Bett. Gräfin Wallmoden machte die Honneurs. Die Herzogin von Parma tanzte bis drei Uhr sehr munter, die Toiletten der Damen sehr gesucht und elegant. Fremde von Venedig im Überfluß, beim Souper sind 160 Damen und mehrere Herren gewesen. Den Kotillon tanzten etliche 50 Paare. Das übrige denke Dir.

In der Nacht vom 6. zum 7. kam die traurige Botschaft von dem aufrührerischen Tumult in Mailand, der schon auf Mazzinis Anordnung in Lugano vorbereitet war. Die piemontesische Regierung avisierte Grafen Apponyi, sendete Detachements an die Grenze, um die geschmuggelte [?] Gewehr-Einschwärzung, sowie den Einbruch der Emigranten zu verhindern, und avisierte unsere Behörden von allem.

Diesmal galt es lediglich den deutschen Soldaten; nach vier Uhr nachmittags brachen Haufen des niedrigsten Pöbels an verschiedenen Punkten mit Dolchen hoch tragend auf einzelne Posten, deren sie sich bemächtigten, sowie der zufällig auf der Gasse gehenden Soldaten. Die Wache an der Burg am hintern Eingang ward überfallen und mittels eines Nagels am Schilderhaus aufgenagelt, so brachen sie von hinten in die Burg und wollten die Hauptwache überrumpeln, welches verhindert wurde.

10 tote Soldaten mit ausgestochenen Augen, aufgeschnittenen Bäuchen und 54 Soldaten blessiert, meist gefährlich, sind eingebracht, 3 blessierte Offiziere. Die Off[izieren] liefen in die Kasernen und sendeten starke Patrouillen aus, wodurch 449 Spitzbuben eingebracht sind, am 8. wurden 6 vor dem Kastell mit dem Gesicht gegen die Stadt gehangen und 1 totgeschossen,

am 10. abermals 5, und so wird es fortgehen. Mailand zahlt täglich die Zulagen an die Garnisonen; gegen die Schweiz ist die Absperrung eingetreten, Sequestrierung der Emigrierten wird folgen und, wenn meine Anträge genehmigt, Mailand außer Gesetz gestellt, — dann wehe Mailand!

Wir wissen, in Paris sollte Napoleon, von der Einsegnung aus der Kirche tretend, erdolcht werden und Frankreich zur Republik ausgerufen werden, infolgedessen war der Ausbruch der Revolution in Rimini und der Lombardei eingeleitet. So viel hierüber. Wir sind gottlob gesund, viel Arbeit und Plage, Wien unterstützt mich sehr. Es küßt Dich Dein Vater.

[Verona,] den 3. November 1853.

Geliebte Fritzi! Der Herzog Max von Bayern hat mir die Büste der künftigen Kaiserin, Seiner Tochter, mit dem Schreiben[1] überschickt, welches ich Dir nebst der Antwort beischließe.

Die Physiognomie verrät Nachdenken und Verstand, das Bild hat viel Ähnlichkeit mit dem Kaiser, hat übrigens schöne Züge und ist sehr jung.

Neues nichts vorderhand.

Morgen ist Karls Namenstag, da ich meine Gratulation schon abgestattet, so bitte ich Dich, ihn morgen so lange zu küssen und statt mir zu gratulieren, bis er Deinen Mund mit Küssen verstopft. Küsse die Kinder, herzlichst küßt Dich Dein Vater.

(Aus Duhrs Sammlung.)

---

[1] Das Schreiben des Herzogs Max lautet folgendermaßen:

München, am 21. Oktober 1853.

Innigst verehrter Herr Graf! Erlauben Sie mir, Ihnen als Beweis der Hochachtung die Büste meiner Tochter Elise zu übersenden. Möge sie sich der Liebe des herrlichen Kaisers würdig beweisen und sich der Zuneigung seines treuen Freundes erfreuen. Mich und meine Tochter Ihrer Liebe empfehlend, verbleibe ich, hochgeehrter Herr Graf, Ihr treu ergebener Freund

Maximilian Herzog von Bayern.

Kaiserliches Handschreiben, mit dem Feldmarschall Graf Radetzky auf sein Ansuchen in den Ruhestand versetzt wurde

Lieber Feldmarschall Graf Radetzky! Mit jenem tiefen Pflichtgefühl und der treuen Hingebung, womit Sie in dem Zeitraume von zweiundsiebenzig Dienstjahren Meiner Armee als unübertroffenes Beispiel voranleuchten, haben Sie Mir auch nun bei Meinem Eintreffen in Meinem lombardisch=venezianischen Königreiche mit edler Aufrichtigkeit die Bürde Ihres hohen Alters geschildert und zugleich die Bitte um Enthebung von dem Posten eines Armeekommandanten und Generalgouverneurs unterlegt.

Ich habe dieser Bitte mit dem tiefsten Bedauern nur aus dem Grunde nachgegeben, weil Ihre Befreiung von so großer Last der Geschäfte Mir allein die Hoffnung gewährt, Ihr Mir so teures ruhmvolles Leben noch für eine Reihe von Jahren in ungetrübtem Wohlsein erhalten zu sehen.

Ich befehle unter einem alles an, was auf Ihre künftige persönliche Stellung Bezug hat. Sie werden stets in jedem Meiner Schlösser sowohl zu Stra, Monza, in der Villa Reale zu Mailand, als zu Wien in Meiner Burg, im Palaste des Augartens, dann zu Hetzendorf nach Ihrer Wahl, Mein herzlich gern gesehener Gast und Ich dadurch in der Lage sein, Mich, sooft Ich es bedarf, Ihrer weisen Ansichten und Ihres erprobten Rates erfreuen zu können.

Und so mögen Sie noch lange, Meiner Armee das lebendigste Vorbild unseres Ruhmes, geliebt und geehrt von Mir und allen österreichischen Herzen, in der dankbarsten Anerkennung Ihres Monarchen, wie in Ihren eigenen glanzvollen Erinnerungen den Lohn einer so tatenreichen Vergangenheit genießen.

Mailand, am 28. Februar 1857.   Franz Joseph.

Der Armeebefehl vom 1. März 1857, mit dem der Feldmarschall von seinen Soldaten Abschied nahm

Soldaten! Ich nehme von Euch keinen Abschied, denn ich bleibe unter Euch. Ich überlasse jüngeren Kräften die mühevolle Pflicht, Euch zu bilden und zu pflegen, um im entscheidenden Momente, wenn die Stimme unseres geliebten Monarchen mich etwa nochmals rufen sollte, zu zeigen, daß der Degen, den ich durch zweiundsiebzig Jahre und auf vielen Schlachtfeldern geführt, noch immer fest in meiner Hand ruht.

Aber danken muß ich Euch für Euer Vertrauen, für Eure Anhänglichkeit an meine Person, für Eure Disziplin, für Eure Hingebung und Tapferkeit, die uns zu so vielen Siegen führte und die Bewunderung und Achtung der Welt errang.

Gerne wiederhole ich, was ich schon zu Ende des Jahres 1848 gesagt habe, daß der Glanz, welcher sich wie die Abendröte nach einem schönen Tage über den Abend meines Lebens verbreitet, Euer Werk ist. Eurer Tapferkeit verdanke ich, was ich geleistet, Eure militärischen Tugenden wanden mir die Krone, welche nun in der Allerhöchsten Gnade unseres erhabenen Kaisers und obersten Kriegsherrn mein greises Haupt schmückt.

Nehmt meinen Dank dafür, Soldaten! Bleibt dessen stets eingedenk, und Ihr werdet, ich bin es überzeugt, die Rechte Eures Kaisers und die Ehre Eurer Waffen bis in den Tod bewahren. Hoch lebe unser vielgeliebter Kaiser Franz Joseph!

Depesche
des General-Adjutanten Radetzkys, GM. Staeger von Waldburg, an Gräfin Friederike Wenckheim, den Tod des Feldmarschalls meldend

Mailand, den 5./1. 1858, 9 Uhr 30 Min. vorm.

Gräfin Wenckheim in Preßburg

Ihr Vater hat uns um acht Uhr früh, von der Lungenlähmung getroffen, verlassen.

———

F. W. Hackländer über Radetzky

> Hackländer weilte im Jahre 1849 als Bericht=
> erstatter der Augsburger Allgemeinen Zeitung
> im Hauptquartier. Seine „Bilder aus dem
> Soldatenleben im Kriege" erschienen im gleichen
> Jahr und erlebten zahlreiche Auflagen.

Joseph Wenzel Graf Radetzky von Radetz wird am 2. Novem=
ber d. J. vierundachtzig Jahre alt, doch verrät sein Äußeres
durchaus nicht ein so hohes Alter.

Er ist nicht groß, aber kräftig gebaut, ohne jedoch stark zu
sein, und geht gewöhnlich sehr gerade und aufrecht mit schnellen
Schritten einher. Ist er in seinem Zimmer, so hat er die Hände
gern auf dem Rücken; spricht er mit jemand, den er wohl leiden
kann, so schiebt er seinen Arm unter den des andern oder nimmt
ihn bei der Hand und spaziert mit ihm auf und ab. Seinen
Kopf trägt er kaum merklich gebückt, schaut aber frei um sich,
die Züge seines Gesichtes sind das einzige, woran man sein
hohes Alter erkennen kann; doch haben sie dabei einen ungemein
gewinnenden Ausdruck und zeigen unverkennbar das Gepräge
seiner Herzensgüte. Ebenso gern wie er einen Spaß anhört, macht
er auch selbst einen, er hat einen guten Humor und sagt seine
guten Einfälle in einer Gutmütigkeit, die hinreißend ist; wenn
er so recht heiter und vergnügt ist, namentlich wenn er lacht, und
er kann recht herzlich lachen, so steigert sich der lebendige Aus=
druck seines Gesichts ungemein, seine biedere große Seele liegt
in solchen Augenblicken offen da, und man sieht auf den klaren
Grund seines Herzens, der rein und glänzend ist, ohne Falsch
und Bitterkeit. Wenn er heftig lacht, wischt er sich mit seinem
Sacktuch zuweilen die Augen; sein Kopf ist eher rund wie läng=
lich, seine Stirne hoch, der Blick seines Auges freundlich und
beredt, und wenn er mit jemand spricht, sieht er ihn fest an.
Dieser Blick, ohne hart oder streng zu sein, hat etwas so Ergrei=
fendes und Gewinnendes, dabei Forschendes und Gebietendes,

daß ich glaube, es ist unmöglich, vor ihm etwas zu verheimlichen, was man auf dem Herzen hat, oder noch unmöglicher, vor dem alten Herrn eine Lüge zu sagen. Hört er einem wichtigen Vortrag zu, so senkt er nachdenkend den Kopf und stützt wohl eine Hand in die Seite. Sein Haar ist weiß und ebenso sein kleiner Schnurrbart, den er seit der Schlacht von Novara stehen ließ.

Die Stimme Radetzkys ist tief und kräftig; wenn er vergnügt ist und ein Offizier etwas fragt, so weicht er bisweilen von dem förmlichen „Sie" durch die Worte ab: „Meint Ihrs vielleicht nicht auch so, Freund?" Ja bei außerordentlichen Fällen der Gewohnheit sagt er auch wohl ganz vertraulich: Du. Beim Durchlesen der Berichte über glänzende, gelungene Gefechte, oder wenn er sieht, wie seine braven Truppen mutvoll und freudig angreifen, dann lacht er gern laut auf vor Freude. Ich hatte das Glück, später in der Schlacht von Novara lange an seiner Seite zu stehen, und hielt ihm mehrere Male sein Fernrohr, und muß gestehen, daß ich auf diese Dienstleistung mit Recht stolzer bin wie vielleicht mancher Großwürdenträger, der seinem Fürsten die Krone vortrug. Wir hatten vor uns eine kaiserliche Batterie, die unaufhörlich ein furchtbares Feuer auf die Piemontesen unterhielt, ein Feuer, vor dem die feindliche Artillerie trotz ihres schweren Kalibers baldigst weichen mußte. Da war der alte Herr ganz glücklich. „Schauens, schauens," sagte er einmal über das andere Mal, „wie die braven Leute schießen, denen muß man gleich was Angenehmes sagen", und bei dem dicksten Kugelregen wollte er ihnen entgegen, um seinen Kindern mit einigen freundlichen Worten zu danken.

Dagegen umflort sich sein Blick, wenn er von den Gefallenen und Verwundeten hört, und tiefe Bekümmernis malt sich in seinen Zügen beim Anblick all des menschlichen Elendes, und aus tiefster Brust seufzt er zuweilen: Jesus Christus! In Zorn gerät er selten, kann aber dann für den Betreffenden heftig und

unangenehm werden, doch kommt dies nur bei groben Nach=
lässigkeiten vor und namentlich bei Vergehen der Verpflegungs=
beamten, wenn durch Vergeßlichkeit oder schlechte Anordnung
der Soldat sein Brot und seinen Wein zu spät oder in mittel=
mäßiger Qualität erhielt...

Mit den Soldaten umzugehen, hat er eine eigene Gabe, und
die Verehrung und Liebe derselben für ihn grenzt ans Unglaub=
liche; er spricht gern mit ihnen, tritt zu einer Gruppe Grena=
diere, Jäger oder was gerade in seiner Nähe ist, und erkundigt
sich nach ihren Verhältnissen; wie oft sah ich, daß er zu ein=
zelnen Schildwachen ging und denselben, da es ihnen verboten
ist, auf dem Posten etwas anzunehmen, einige Zwanziger in
die Patronentasche steckte. In Novara erzählte man, wie der
alte Marschall häufig arme Leute auf der Straße beschenkt habe;
bei dem Vorbeimarsch der Truppen trat er in die Reihen, hier
einen alten Unteroffizier begrüßend, dort einen Offizier auf die
Schulter klopfend oder zu den meist blutjungen Wiener Frei=
willigen und Jägern freundliche Worte sprechend, und so herz=
lich und liebevoll war er bei allen Veranlassungen...

Der Feldmarschall reitet fest und sicher und liebt die schnellen
Gangarten, so bei Novara wurde mehrere Miglien zwischen
Truppen, zwischen Toten und Verwundeten vorbei mit schar=
fem Jagdgalopp geritten. Seine Pferde sind starke Mecklen=
burger, meistens Schimmel, sein Sattel deutsch mit reich ge=
stickter Feldmarschallsschabracke, das Kopfzeug des Pferdes mit
goldenen Nägeln besetzt. Sein Anzug ist ein grauer Rock mit
goldbesetztem Kragen, dazu den Kavalleriesäbel mit Hut und
grünen Federn.

Das Urteil eines österreichischen Zeitgenossen über den Feldmarschall

Anton Freiherr von Mollinary in seinem Buch „Sechsundvierzig Jahre im österreichisch-ungarischen Heere, 1833—1879." 2. Band.

Gewiß hatte Radetzky viel und großes Glück im Leben gehabt, aber dasselbe bestand zunächst darin, daß er in Zeiten und unter Verhältnissen lebte, die der Verwertung seiner seltenen Eigenschaften günstig waren. Jeder unbefangene Beurteiler muß seine großen Anlagen, seine reiche Erfahrung, außerordentliche Tatkraft, Ausdauer und Menschenkenntnis, seinen seltenen Scharfblick und die Geschicklichkeit anerkennen, die er in der Beurteilung seiner Leute besaß; Eigenschaften, die, wenn sie ausnahmsweise bei einem Manne sich vereint finden, ihn immer zu Außergewöhnlichem befähigen. Übrigens hat er seine Erfolge nicht einfach vom Baum gepflückt, sondern sie in mühseliger, langjähriger Arbeit vorbereitet. Seiner Energie und unbeugsamen Ausdauer im Durchsetzen des einmal als gut Erkannten ist es zu danken, daß bei der von ihm seit dem Jahre 1831 befehligten Armee regelmäßige Sommer- und Herbstübungen mit gemischten Waffen in allen Stärkeverhältnissen und auf den verschiedensten Terrains stattfanden, zu einer Zeit, wo in anderen Generalaten von derlei noch nicht die entfernteste Rede war.

Seine Weisungen waren es auch, nach denen der ihm unterstehende Generalstab, unter Leitung seines Chefs Oberst Heß, in den Jahren 1831 bis 1834 jene erste Feld- und Manövrier-Instruktion ausgearbeitet hat, welcher unsere Italienische Armee ihren, für die damalige Zeit sehr hohen Standpunkt taktischer Ausbildung und Manövrierfähigkeit dankte ...

Die musterhaften Operationen in den Kriegen 1848 und 1849 in Italien waren allerdings nicht den Ideen Radetzkys entsprungen, sondern jenen des zum zweiten Male an seiner Seite tätigen Heß; aber auch hier war bei der Ausführung die belebende und treibende Kraft wieder Radetzky.

Er hat, wie kein anderer seiner Zeit, es verstanden, durch persönliche Einwirkung den guten Geist in der Armee zu wecken und zu erhalten; aus diesem guten Geiste gingen wieder jene strenge Pflichterfüllung und hingebende Arbeitsfreudigkeit hervor, die immer eine erste Bedingung zum Erfolge im Kriege bilden.

Einige Bücher über Radetzky

Erinnerungen aus dem Leben des Feldmarschall Grafen Radetzky, Mitteilungen des Kriegs=Archivs, Neue Folge I, 1887; Radetzky, Aus meinem Leben, Österr. Rundschau XIV, 1908; (Heller,) Denkschriften militär=polit. Inhalts aus dem handschriftlichen Nachlaß des FM. Grafen Radetzky, Stuttgart 1858; Helfert, Radetzky in den Tagen seiner ärgsten Bedrängnis, Wien 1906; Hinnenburg, Briefe des FM. Grafen Radetzky an seine Gattin (1848–51), Österr. Rundschau XVIII, 1909; Duhr, Briefe des FM. Radetzky an seine Tochter Friederike (1847–57), Wien 1892; Veltzé, Die Relationen Radetzkys über Mortara=Novara, Österr. Rundschau XVIII, 1909; (Heller,) Feldmarschall Radetzky, eine biographische Skizze, Stuttgart 1858; Strobl=Ravelsberg, FM. Radetzky, zusammengestellt für Volk und Heer, Wien 1907; Haymerle, Biographie des k. k. FM. Joseph Graf Radetzky, Wien 1886; Krones, FM. Radetzky, Ein Lebensbild, Wien 1891; Duncker, Das Buch vom Vater Radetzky, Ein Lebensbild im Rahmen der Geschichte seiner Zeit, Wien 1891; Luzio, Radetzky, in Studi e Bozetti I, und in Monografie storiche I; (Schönhals,) Erinnerungen eines österr. Veteranen aus dem italien. Kriege 1848–1849, 2 Bde., Stuttgart 1852; Hackländer, Bilder aus dem Soldatenleben im Kriege I, Stuttgart 1849.

Inhalt

Radetzky 3
Aus den Erinnerungen des Feldmarschalls:
  1. Die Jugendjahre und der türkische und belgische Feldzug . 9
  2. Im belagerten Mantua, 1796/97 14
  3. Feldmarschall Suworow 17
  4. An der Trebbia und bei Novi, 1799 19
  5. Als Brigadier, 1805 21
  6. Radetzkys Rolle im Jahre Neun 25
  7. Als Generalstabschef der Befreiungskriege 32
Aus den Denkschriften:
  1. Wie ist Österreich in die gegenwärtige Lage gekommen? . 40
  2. Politisch-militärische Betrachtungen: Frankreich, Rußland, Serbien 42
  3. Die von Rußland drohenden Gefahren 44
  4. Stehende Heere und Volksheere 49
Radetzkys Berufung nach Italien 50
Das Jahr 1848. Briefe und Berichte 51
Der Feldzug von Novara, 1849 60
Zwei Briefe Radetzkys aus seinen letzten Lebensjahren an seine Tochter, Gräfin Wenckheim 66
Radetzkys Scheiden von der Armee: das Kaiserliche Handschreiben, der letzte Armeebefehl, die Todesnachricht 68
F. W. Hackländer über Radetzky 71
Das Urteil eines österreichischen Zeitgenossen über den Feldmarschall 74
Einige Bücher über Radetzky 76

www.ingramcontent.com/pod-product-compliance
Lightning Source LLC
Chambersburg PA
CBHW031836230426
43669CB00009B/1372